大跨径组合梁斜拉桥建设关键技术
——禹门口黄河公路大桥勘察设计

中交第一公路勘察设计研究院有限公司
中交一公局西北工程有限公司 编著

人民交通出版社股份有限公司
北京

内 容 提 要

本书是根据作者的设计团队在禹门口黄河公路大桥整个建设过程中的设计、研究和实践,并参阅国内外相关工程经验编写而成,目的是对大跨径组合梁斜拉桥,尤其是在复杂环境下全面、精细的工程勘察设计所做的系统总结。主要内容有:禹门口黄河公路大桥设计概况和大桥建设条件,桥位及跨径比选,桥型比选,主桥结构设计,结构分析,复杂风环境全过程分析及设计,复杂水环境适应性分析及设计,西引桥一墩双T转体设计,全寿命周期建管养一体化设计,无辅助墩大跨径组合梁斜拉桥设计等一系列桥梁工程设计技术问题,并提出大跨径组合梁斜拉桥技术发展方向及展望。

本书可供正在或即将开展大跨径组合梁斜拉桥设计工作的工程技术人员使用,也可供桥梁建设与施工人员借鉴参考。

图书在版编目(CIP)数据

大跨径组合梁斜拉桥建设关键技术. 禹门口黄河公路大桥勘察设计/中交第一公路勘察设计研究院有限公司,中交一公局西北工程有限公司编著. —北京:人民交通出版社股份有限公司, 2022.11
ISBN 978-7-114-18321-8

Ⅰ.①大… Ⅱ.①中… ②中… Ⅲ.①黄河—公路桥—桥梁工程—地质勘探—陕西 Ⅳ.①U448.14

中国版本图书馆 CIP 数据核字(2022)第 201182 号

Dakuajing Zuheliang Xielaqiao Jianshe Guanjian Jishu——Yumenkou Huang He Gonglu Daqiao Kancha Sheji

书　　名:	大跨径组合梁斜拉桥建设关键技术——禹门口黄河公路大桥勘察设计
著 作 者:	中交第一公路勘察设计研究院有限公司 中交一公局西北工程有限公司
责任编辑:	崔　建　章　嵩
责任校对:	孙国靖　宋佳时
责任印制:	张　凯
出版发行:	人民交通出版社股份有限公司
地　　址:	(100011)北京市朝阳区安定门外外馆斜街 3 号
网　　址:	http://www.ccpcl.com.cn
销售电话:	(010)59757973
总 经 销:	人民交通出版社股份有限公司发行部
经　　销:	各地新华书店
印　　刷:	北京交通印务有限公司
开　　本:	787×1092　1/16
印　　张:	11.75
字　　数:	286 千
版　　次:	2022 年 11 月　第 1 版
印　　次:	2022 年 11 月　第 1 次印刷
书　　号:	ISBN 978-7-114-18321-8
定　　价:	198.00 元

(有印刷、装订质量问题的图书,由本公司负责调换)

《大跨径组合梁斜拉桥建设关键技术
——禹门口黄河公路大桥勘察设计》

编写委员会

主　　　　编：	唐新湖　王学军　文　辉　梁建军
本篇执行主编：	侯　旭
本篇执行副主编：	王　技　梁建军　郭伟平
编写人员：	侯　旭　王　技　梁建军　薛平安
	孙吕红　高诣民　李　凯　侯玉平
	赖　波　马新勇　于容蘅　樊茂林
	李亚雷　贾　磊　李王辉　路　双
	刘来君　武芳文　魏家乐　舒　涛
	彭　恺
项目负责人：	薛平安

前　言

组合梁斜拉桥(Cable-stayed Bridge with Composite Girder)是主梁为钢—混凝土组合结构的斜拉桥,其结合了混凝土和钢材的优势,在 350～800m 跨径区间是一种极具竞争力的大跨径桥梁结构形式。伴随我国交通基础设施建设的迅猛发展,组合梁斜拉桥得以广泛推广应用,工程师对该类桥型力学行为的研究实践不断深入,已经走出了一条自主创新的成功之路,使我国大跨径组合梁斜拉桥建设技术跻身世界前列。为适应交通强国建设提出的"打造一流设施、一流技术、一流管理"要求,针对复杂环境建设条件,组合梁斜拉桥全寿命周期建管养运新需求,编写组依托 G108 国道禹门口黄河公路大桥工程勘察设计、施工及控制技术、养护和科研,继续探索、创新形成本书。

G108 国道禹门口黄河公路大桥所在的黄河禹门口段历来为秦晋交通要冲,108 国道在两省交界处依赖 1973 年建设的禹门口大桥连接黄河两岸,无法满足社会经济发展通行需求,成为省际大通道的通行瓶颈,交通压力巨大,亟待重建。但要冲平素为险地,路线走廊处桥位资源受限,水文地质条件、自然环境复杂,大桥建设面临诸多技术难题。禹门口黄河公路大桥前期研究和勘察设计工作从 2006 年启动,历经十年,于 2016 年 10 月开工建设,是我国西北地区及黄河流域跨径最大、技术含量最高、结构最复杂的桥梁,也是目前世界最大跨径无辅助墩斜拉桥,该桥已于 2020 年 9 月正式通车运营。

桥位所处峡谷与漫滩交界的复杂水环境、深切峡谷口的复杂风场、条件受限无法设置辅助墩、引桥同跨斜跨两条铁路等难题,在国内同规模桥梁中缺乏借鉴经验。大桥的建设坚持技术引领,汇集了国内众多桥梁知名专家和工程技术人员的聪明才智,凝结了建设团队的艰辛奉献,攻克系列技术难题,最终建成高品质桥梁。这期间,建设团队对结构理论、设计施工和控制关键技术、养护方法进行了系统研究,为大跨径组合梁斜拉桥建设与运营积累了经验,特编著本书。

全系列丛书共分为四册。第一册是勘察设计,针对复杂建设条件,介绍了重难点问题的设计对策与创新;第二册是施工及控制技术,针对本桥结构特点,介绍了关键施工工艺、精细化监控方法和实施应用效果;第三册是养护管理,针对大跨径组合梁斜拉桥养护需求,介绍了养护管理、检查评定、养护维修和结构监测相关技术;第四册是科研创新,介绍了大桥建设过程中形成的关键技术、工艺工法及技术规范。

本书由中交一公局西北工程有限公司、中交第一公路勘察设计研究院有限公司、长安大学、陕西交控通宇交通研究有限公司共同编著。本书编写过程中,调研和收集了当前国内外大跨径组合梁斜拉桥的建设成果,参考并引用了一些公开发表的文献和资料,谨向这些作者表示深深的谢意。

本书编著以实用、适用为指导思想，内容丰富，虽经努力，难免有不妥之处，敬请读者提出宝贵意见和建议。

衷心感谢！

编著者
2022 年 5 月

目　　录

第 1 章　综述	1
1.1　大跨径组合梁斜拉桥发展历程与现状	1
1.2　设计环节与技术要求	5
1.3　设计关键问题	9
1.4　设计要点	10
1.5　小结与思考	13
第 2 章　禹门口黄河公路大桥设计概况	15
2.1　建设目的与意义	15
2.2　设计历程与主要成果	17
2.3　主、引桥设计方案	21
2.4　设计难点与创新	22
2.5　小结与思考	24
第 3 章　禹门口黄河公路大桥建设条件	25
3.1　工程地质	25
3.2　水文	28
3.3　气象与风环境	31
3.4　小结与思考	32
第 4 章　桥位及跨径比选	33
4.1　桥位比选	34
4.2　跨径比选	36
4.3　小结与思考	39
第 5 章　桥型比选	40
5.1　主要控制因素	40
5.2　桥型方案初选	43
5.3　桥型比选	44
5.4　小结与思考	52
第 6 章　主桥结构设计	53
6.1　设计依据	53
6.2　设计特点	55

6.3 设计指导思想·····56
6.4 总体设计·····57
6.5 无辅助墩设计·····61
6.6 构造设计·····63
6.7 耐久性设计·····73
6.8 景观设计·····76
6.9 主要设计材料·····83

第7章 结构分析·····87
7.1 设计参数·····87
7.2 整体计算分析·····93
7.3 局部计算分析·····108
7.4 动力分析与抗震·····114
7.5 稳定性分析·····122

第8章 复杂风环境全过程分析及设计·····123
8.1 风特性观测·····123
8.2 风洞试验·····123
8.3 施工期间增设临时墩设计及研究·····124
8.4 成桥设计的抗风措施·····139

第9章 复杂水环境适应性分析及设计·····141
9.1 水文分析计算·····141
9.2 防洪综合评价·····147
9.3 防洪、防凌设计·····148
9.4 其他防治方案·····149

第10章 西引桥一墩双T转体设计·····151
10.1 结构形式·····152
10.2 转体设计·····154
10.3 实施技术要求·····156

第11章 全寿命周期建管养一体化设计·····160
11.1 建管养一体化的必要性·····160
11.2 前期策划阶段·····161
11.3 全寿命周期设计阶段·····161
11.4 工程实施阶段·····163
11.5 运营维养阶段·····164

第12章 无辅助墩大跨径组合梁斜拉桥设计·····166
12.1 结构受力分析·····166
12.2 未设置辅助墩设计技术加强措施·····169

12.3 设计创新……………………………………………………………………… 170

第 13 章 展望 …………………………………………………………………… 172

13.1 桥型适应能力不断提升 ……………………………………………………… 172

13.2 数字工程建设逐步完善 ……………………………………………………… 173

参考文献 …………………………………………………………………………… 174

第1章 综述

大跨径组合梁斜拉桥凭借其结构自身特点和竞争能力较强的优势,在跨越大江、大河上得到广泛应用。禹门口黄河公路大桥克服自然环境等诸多不利条件顺利建成通车,为该桥型在黄河流域峡谷地带的建设积累了宝贵的经验。本章分大跨径组合梁斜拉桥发展历程与现状、设计环节与技术要求、设计关键问题、设计要点、小结与思考五个部分进行论述。

1.1 大跨径组合梁斜拉桥发展历程与现状

截至2021年底,我国公路桥梁总数达96.11万座,桥梁总长达7380.21万延米,其中特大型桥梁7417座,桥梁长度1347.87万延米。随着科技进步和工业水平提升,桥梁数量每年都在高速增长。当前,我国的桥梁建设处在一个辉煌发展的时代,一座座跨江跨河、结构复杂的大跨径桥梁,秉承着新型、大跨、轻质、灵敏、美观的发展理念和目标,犹如一颗颗闪耀在美丽山河的明珠,璀璨夺目。

从18世纪80年代开始,工业革命的浪潮给社会各个领域带来了重大的冲击和变革,世界桥梁的发展也从此进入了新的、快速发展时期,从常规的混凝土梁桥、钢梁桥、拱桥,逐渐发展到悬索桥、斜拉桥,创新桥型层出不穷,技术突破登峰造极。1931年,美国乔治·华盛顿桥主跨首次突破千米,到20世纪80—90年代英国恒比尔河大桥、日本明石海峡大桥接近2000m。进入21世纪,意大利设计了主跨3300m的墨西拿海峡大桥;我国的港珠澳大桥,跨越伶仃洋。随着苏通长江大桥、沪通长江大桥、青山长江大桥、嘉鱼长江大桥、虎门二桥、南京五桥、杨泗港大桥、池州长江大桥和深中通道、大连湾跨海工程等一大批有世界影响的长大桥梁陆续建成,中国桥梁给世界桥梁带来了新的贡献和发展。

截至2019年,国内外已建成的跨径超400m的斜拉桥有114座,我国占59座;在建的跨径超400m的斜拉桥有49座,我国占39座,其中颇具代表性的上海杨浦大桥、青洲大桥、望东长江公路大桥等上部主梁均采用了钢—混凝土组合梁结构。

组合梁结构出现于20世纪30年代,但直到20世纪80年代,组合梁斜拉桥才得以发展。1987年印度建造的第二胡格利桥,是首先应用组合梁设计原理建成的大跨径斜拉桥,1988年加拿大建造的安娜西斯桥,采用组合梁结构以465m的主跨一度取得当时世界上斜拉桥最大跨径的桂冠。

自20世纪80年代开始,我国许多高校、科研及设计单位对组合梁结构开展了大量的研究工作,取得了丰富的研究成果,为后期组合梁斜拉桥的发展奠定了坚实的基础。随着组合梁斜拉桥应用的不断推进,桥型的结构、构造、施工技术不断成熟,理论研究也不断进步。20世纪90年代,我国在上海相继建成了主跨分别为423m与602m的南浦大桥与杨浦大桥。后者在1993—1994年间曾一度登上世界斜拉桥跨度之最,即使在1995年让位于法国的诺曼底桥,但仍居组合梁斜拉桥跨径之最,直至青州闽江大桥建成。1993年,北京城市立交桥的建设是组合梁在立交桥中的首次应用。随着我国大跨径桥梁和组合梁斜拉桥的技术理论的不断发展和完善,1997年我国第三座组合梁斜拉桥——徐浦大桥建成。同年,汀九大桥(三塔斜拉桥)的建成标志着我国组合梁斜拉桥技术进入崭新的阶段,它是我国桥梁史上的一个重要的里程碑。鹤洞大桥、青州闽江大桥和21世纪之后遍布我国各地的该类型桥梁的建成,标志着我国组合梁斜拉桥的发展正稳步前进。2016年望东长江公路大桥建成后,以638m居已通车运营的同类型桥梁跨径首位。赤壁长江公路大桥为主跨720m的钢—混凝土组合梁斜拉桥,已于2021年9月通车运营,跨径记录仍在不断改写。

截至2021年10月,部分已建成和在建的跨径在300m以上的钢—混凝土组合梁斜拉桥见表1-1。

国内外部分已建成和在建的跨径在300m以上的钢—混凝土组合梁斜拉桥　　表1-1

桥梁名称	主跨(m)	建成时间(年)
安娜西斯桥(加拿大)	465	1986
上海南浦大桥	423	1991
伊丽莎白女王二桥(英国)	450	1991
上海杨浦大桥	602	1993
上海徐浦大桥	590	1997
香港汀九桥	448	1998
青洲大桥	605	2001
希腊Rion-Antirion桥	560	2003

续上表

桥 梁 名 称	主跨(m)	建成时间(年)
东海大桥主通航孔桥	420	2005
重庆观音岩长江大桥	436	2010
宁波清水浦大桥	468	2011
二七长江大桥	616	2011
台州椒江二桥	480	2014
望东长江公路大桥	638	2016
哇加滩黄河大桥	560	2017
平南相思洲大桥	450	2020
赤壁长江公路大桥	720	2021

钢—混凝土组合梁斜拉桥主梁采用剪力钉或者开孔钢板使桥面板与钢梁结合为一个整体参与受力。与钢箱梁斜拉桥相比，由于结合了混凝土，桥梁的抗弯性能和局部刚度均得到加强，钢桥面发生疲劳以及铺装层易受损的情况得以解决，耐火性能也得以提升；与混凝土斜拉桥相比，主梁的自重大大减轻，抗震性能得到了提升。钢—混凝土组合梁斜拉桥一般采用悬臂拼装的方式进行施工，钢梁和混凝土桥面板都可以在工厂或现场预制，便于安装与运输，同时也大大缩短了施工工期。正因为此，许多运输和安装条件受限的桥位常选用经济性价比更高的组合梁斜拉桥结构。世界著名桥梁专家 Peter R. Taylor 认为在现有技术条件下组合梁斜拉桥预计设计跨径为1000m，Holger Svensson 认为组合梁斜拉桥经济跨径范围为 400～900m，因此，组合梁斜拉桥的跨径使用范围仍然具有较强的竞争优势。

黄河作为中国历史第一大河，第二长河，流经9个省及自治区，是中华民族的"母亲河"。据《史记》记载，黄河于距今2200多年前的秦昭襄王五十年，即公元前257年便"初作河桥"，人们首次在黄河上修筑了桥梁。现如今，黄河上平均每21km河道即建有一座桥梁，仅公路及公铁两用的桥梁就达200余座。建成于2020年8月的禹门口黄河公路大桥主跨达565m，位于陕晋交界处，是西北地区跨越黄河已建和在建跨径最大的桥梁(图1-1)。

图1-1 禹门口黄河公路大桥

黄河在上游形成"几"字状，呈折线河形，另一特点是平原河段与峡谷河段相间。河道处于峡谷间则河床较窄，水流湍急；当进入平原地区，则宽度骤变，发生较为剧烈的泥沙运动，形成河道堆积性和游荡性的特点，河床逐年淤积，主槽不断摆动。该特性在黄河中、下游，以及陕西、山西、河南段更为突出，且地质为沉积地层，以黏土层及砂层为主，是多泥沙、多淤积的特殊工程地质条件。在黄河上建桥，必须以安全第一为原则，并严格服从河防的要求，因此，桥位和桥型的选择显得尤为重要。黄河大桥桥型发展早期考虑黄河通航及泄洪等相关要求，主要选择跨径在50m左右的简支型桥梁，代表性的桥梁包括佳临黄河大桥和郑州黄河公路大桥。这个阶段的建设成就主要体现在复杂水域环境下的基础施工取得了技术经验的积累，同时常规预应力体系以及预制、架设施工技术逐渐开始成熟。但因为跨径受限，水中桥墩设置较多，且断点较多，行车舒适性较差。在此之后，设计、建造技术的发展，对桥梁建设起到了较大的推动作用，刚构、连续梁桥、拱桥成为第二阶段的主流桥型，出现了一批技术难度更高的桥梁。这些桥梁跨径多在100~200m之间，行车舒适性和桥梁美观度大幅提升，这一阶段在设计、施工、科研等方面取得了重要的成果，在高性能混凝土、钢材、防腐等材料的使用上不断更新并得以实践应用。这一阶段主要存在的问题是后期维养难度大，以及跨越能力不能满足特殊情况的需求。

近十年来，由于桥位稀缺，既有桥梁在不具备拆除条件的情况下，必定要以更大跨径方式跨越河道方能满足河防要求，同时又要兼顾先进、多样、景观等需求，从而进入桥型发展的第三阶段，即以斜拉桥、悬索桥为代表的桥型结构得到广泛应用，桥梁设计思路更为开放，在技术创新方面得到了飞速的发展和极大的提高。刘家峡黄河大桥等都是当时黄河上同类型桥梁中跨径最大的桥梁。

据不完全统计，截至2021年10月，黄河之上已建和在建的200m以上跨径的桥梁共计20余座，其中斜拉桥桥型占绝大多数，而钢—混凝土组合梁斜拉桥数量达到9座，且主跨均超过300m，见表1-2。这说明钢—混凝土组合梁斜拉桥桥型的技术特点和优势在黄河流域复杂环境下大跨径跨越已具备较高的实用价值和推广价值。

部分主跨超过300m的已建和在建跨黄河大桥　　　　　　表1-2

桥梁名称	结构形式	主跨(m)	建成时间(年)
禹门口黄河公路大桥	钢—混凝土组合梁斜拉桥	565	2020
咓加滩黄河大桥		560	2017
王官黄河大桥		450	在建
沾临黄河特大桥		442	在建
青兰高速公路黄河大桥		430	2019
东津黄河大桥		420	在建
齐河黄河大桥		410	2018
河口黄河特大桥		360	2015
桑园子黄河特大桥		328	在建
济南黄河公路大桥	混凝土斜拉桥	220	1982
龙门黄河大桥	混凝土斜拉桥	352	2006

续上表

桥梁名称	结构形式	主跨(m)	建成时间(年)
滨州黄河公路大桥	混凝土斜拉桥	300	2004
建邦黄河大桥	混凝土斜拉桥	300	2010
东营胜利黄河大桥	钢箱梁斜拉桥	288	1987
运宝黄河大桥	矮塔斜拉桥	200	2019
甘肃刘家峡黄河大桥	悬索桥	536	2013
银川滨河黄河大桥	自锚式悬索桥	218	2016
济南齐鲁黄河大桥	系杆拱桥	420	在建

综上所述，一方面，钢—混凝土组合梁斜拉桥正在向大跨径、超大跨径的方向发展；另一方面，受地形地质条件限制，以及公路、铁路、航道、水利等相关部门各项规定影响，钢—混凝土组合梁斜拉桥跨径布置可能存在限制条件，如边跨不具备设置辅助墩，从而需要重新选择主塔、主梁以及拉索体系等各部件的几何参数，以确保边跨无辅助墩情况下结构的内力和变形在合理范围内。尽管与此相关的研究工作在逐步深入开展，并有部分工程案例可供借鉴(表1-3)，但这方面工程经验尚未系统总结，专题研究也相对较少，在禹门口黄河公路大桥建成之前最大跨径仍未能突破500m，从而在一定程度上限制了钢—混凝土组合梁斜拉桥在大江大河流域以及山区特殊地形等条件下的发展。

已建钢—混凝土组合梁无辅助墩斜拉桥　　　　表1-3

桥梁名称	主跨(m)	建成时间(年)
禹门口黄河公路大桥	565	2020
迫龙沟特大桥	430	2016
厦漳跨海大桥南汊主桥	300	2012

禹门口黄河公路大桥受黄河河道相关规定限制，经充分论证大桥不具备设置辅助墩的条件，其主跨跨径为565m，施工过程中最大悬臂长度达200m，在同类同规模桥型中尚属首次。设计团队大量吸取同等规模、类似结构形式、相似建设条件下的桥梁成功建设经验，在设计过程中开展了大量的科研试验、结构分析和方案论证工作，并充分考虑各项不利因素对无辅助墩大跨径斜拉桥进行精细化设计，解决了双悬臂强风作用下无辅助墩安全施工等一系列难题，为黄河流域复杂环境下设置同类桥型提供了有力的技术支撑和丰富的建设经验。

1.2　设计环节与技术要求

1.2.1　可行性研究

可行性研究是工程项目进行投资决策和建设的一个基本先决条件和主要依据，目的是避免错误的投资决策,要求在进行投资决策之前作出准确判断,减小项目的风险性,避免项目方案多变,对项目因素的变化做到心中有数。可行性研究阶段的主要技术要求包括如下两项。

(1)做好基础资料的收集工作。从客观数据出发,经过科学分析,得出项目是否可行的结论。基础资料包括自然条件(如地形地貌、气候、周围环境等)、地质、水文、航运、交通量、管线、建筑材料及施工条件、文物等。另外,必要时应提出与工程相关的专项基础资料研究计划,如水文分析试验、风洞试验等。

(2)报告内容深度须达到国家规定的标准,基本内容要完整,应尽可能使用数据资料。报告中应对主要设计技术指标论证选用,包括道路等级、设计速度、荷载、净空、洪水频率、航道、抗震设防烈度等,并对建设规模进行充分论证。针对大跨径组合梁斜拉桥,工可阶段应对桥位方案选择、桥梁总体设计(总体布置、桥孔设计、横断面布置、纵断面设计)、桥型方案设计(多方案比选)、附属工程、养护与管理等方案进行论证。

项目建议书审批后,即进入工可阶段。这一阶段重点研究桥型可行性和控制工程规模,研究和制定桥梁的技术标准。禹门口黄河公路大桥工作人员早在前期方案阶段就提前与河道、航运、规划、铁路、公路等部门人员沟通联系,共同研究讨论并取得初步审查意见。为使工可报告更好地指导下一阶段工作,还对施工方案的可实施性进行了评估分析。

1.2.2 初步设计

初步设计阶段的目的是基本确定设计方案。根据批复的可行性研究报告,通航、地震安全性评价、地质灾害性评价、环境保护、水土保持等专题报告以及测设合同的要求,确定修建原则,选定设计方案和施工方案,计算主要工程数量及主要材料数量,编制设计概算,提供文字说明及图表资料。初步设计阶段的主要技术要求包括:

(1)独立立项特殊结构桥梁选定桥轴线设计方案,基本确定接线位置;非独立立项特殊结构桥梁选定桥位方案,基本确定桥轴线及接线位置。

(2)基本查明桥位及接线地形、地质、气象、水文、地震、矿产、航运、地下结构物、文物等情况。

(3)初步查明主桥桥墩、塔墩、悬索桥锚碇等位置的工程地质、水文地质、水文情况,计算冲刷深度。

(4)基本查明桥位沿线主要建筑材料的质量、储量、供应量及运输条件,并进行必要的原材料、混合料试验。

(5)完成必要的专题研究。

(6)独立立项特殊结构桥梁进行桥位首级控制网等测量;非独立立项特殊结构桥梁进行桥轴线纵断面等测量,宜进行桥位首级控制网测量。

(7)完成项目总体方案设计。

(8)基本确定主桥及引桥的桥跨布置、结构类型及主要构造尺寸。

(9)基本确定桥面系、伸缩装置及排水系统等的布置、结构类型及主要构造尺寸。

(10)确定桥梁桥面横向布置设计方案及接线路基标准横断面和特殊路基横断面设计方案。

(11)进行结构静、动力计算分析,提出主要计算结果和分析结论。
(12)基本确定接线工程的路基、排水、防护、路面、桥涵、隧道、路线交叉、改路改渠及其他工程的位置、形式、结构类型及主要构造尺寸等设计方案。
(13)基本确定交通工程及沿线设施各项工程的位置、形式、类型及主要尺寸等设计方案。
(14)基本确定全线环境保护措施。
(15)基本确定桥梁景观设计方案。
(16)初步拟定桥梁防撞、防雷击、航空警示、桥涵标、防洪、航道、管养附属设施等与大桥建设、运营相关的其他工程的设计方案。
(17)基本确定桥梁结构耐久性措施及方案。
(18)基本确定占用土地、拆迁建筑物及管线等设施的数量。
(19)初步拟定推荐性施工方案及工期安排。
(20)开展桥梁安全风险性评估。
(21)初步拟定运营期结构安全监测方案。
(22)提出下阶段需要开展专题研究的项目。
(23)计算主要工程数量。
(24)计算人工及主要材料、机具、设备的数量。
(25)编制设计概算。
(26)经综合比选提出推荐实施方案。

初步设计要进一步确定工程建设方案,是工程安全管控的重要环节。禹门口黄河公路大桥建设条件复杂、技术难度大,在综合考虑各方面影响因素前提下,对无辅助墩设计、复杂风环境设计、复杂水环境设计、复杂地质条件设计等进行了科学决策。

1.2.3 技术设计

技术设计阶段根据初步设计批复意见和测设合同的要求,对重大、复杂的关键技术问题进一步研究,通过科学试验、专题研究、加深勘探调查及分析比较,解决初步设计中的若干技术难题,优化修建原则、落实技术方案,批准后作为编制施工图设计的依据。技术设计阶段的主要技术要求包括:

(1)对初步设计阶段难以确定的关键技术问题,进行深入的方案研究。
(2)补充必要的通航、地质、水文、气象、地震和地质钻探资料。
(3)进行必要的试验研究及结构分析计算,提出科学实验成果和研究报告。
(4)基本确定设计方案。
(5)提出修正的施工方案。
(6)计算工程数量。
(7)编制修正概算。

技术设计是对初步设计的完善。禹门口黄河公路大桥以初步设计批复意见为核心,开展了多次专家论证、多项专题研究,进一步对设计方案经济性、可靠性、先进性等方面进行了分析,与业主方建立定期、不定期的沟通交流机制,对大桥全生命周期设计进行充分探讨,对无辅助墩主桥设计技术、成本进行了综合研判。

1.2.4 施工图设计

施工图设计根据初步设计、技术设计批复意见和测设合同,进一步对所审定的修建原则、设计方案、技术决定加以具体化和深化,最终确定各项工程材料数量,提出文字说明和适应施工需要的图表资料以及施工组织计划,并编制施工图预算。施工图设计阶段的具体技术要求包括:

(1)确定桥轴线及设计方案,确定接线位置。

(2)查明桥位及接线地形、气象、水文、地质、地震、矿产、航运、文物等情况。

(3)详细查明主桥桥墩、塔墩等位置的工程地质、水文地质、水文情况,确定冲刷深度。

(4)查明桥位沿线主要建筑材料的质量、储量、供应量及运输条件,并进行原材料的试验。

(5)补充完成必要的专题研究。

(6)独立立项特殊结构桥梁进行桥位首级控制网复测,非独立立项特殊结构桥梁进行桥位首级控制网测量等详测工作。

(7)详细确定项目的总体设计。

(8)确定主桥的设计方案、结构类型及施工详图。

(9)确定引桥的设计方案、结构类型及施工详图。

(10)确定桥梁桥面系、伸缩装置及排水的施工详图。

(11)确定桥梁桥面横向布置、接线路基标准横断面和特殊路基横断面。

(12)进行详细的结构静、动力计算分析,提出详细计算结果和分析结论。

(13)确定接线工程的路基、路面、防护、排水、桥梁、涵洞、隧道、路线交叉、改路改渠及其他工程的设计方案、结构类型及施工详图。

(14)确定交通工程及沿线设施各项工程的施工详图。

(15)确定全线环境保护措施及实施方案。

(16)确定桥梁景观设计实施方案。

(17)确定桥梁防撞、防雷击、航空警示、桥涵标、防洪、航道、管养附属设施等与大桥建设、运营相关的其他工程的设计方案及施工详图。

(18)确定桥梁结构耐久性设计措施及实施方案。

(19)确定占用土地、拆迁建筑物及管线等设施的数量。

(20)提出设计施工方案及组织计划,对各部分结构提出详细的施工要求和注意事项。

(21)明确施工监控及运营期结构安全监测要求。

(22)提出施工期间需要开展的专题研究内容。

(23)计算各项详细工程数量。

(24)提出人工数量及主要材料、机具、设备的规格和数量。

(25)编制施工图预算。

(26)编制桥梁用户手册。

禹门口黄河公路大桥施工图设计阶段除细化设计图纸、施工工艺、施工工期外,还着手设计、施工、监控与后期运营养护深度融合工作,组织参建单位与专家咨询团队开展多种形式的技术、科研活动,统筹考虑安全、质量、进度、运营养护等因素,形成从前期规划、勘测、设计,到施工、监理、检测、监控,再到后期运营、养护等"一盘棋"的工作格局。

1.3 设计关键问题

1.3.1 桥位比选

桥位选择直接影响桥梁结构的安全稳定、使用寿命、技术经济合理性以及施工与管理养护的便捷可行性,应从国民经济发展、生态环境保护和国防需要出发,在整体布局上与铁路、水利、航运、城建、环境保护等方面相互配合;注意保护文物、环境和军事设施;同时要照顾群众利益,少占农田,少拆迁有价值的建筑物。桥位方案应从政治、经济、环境、技术上进行多方面比较。技术层面应根据河流形态、地质、通航条件、施工布局等工程特点,在较大范围内作全面比选确定。

禹门口黄河公路大桥属于交通运输部路网改造按一级公路标准提升项目,整个项目走向应在原线位基础上作适当调整,但原则上要基本顺接。另外,既有旧桥技术状况差,且旁位布置有铁路桥,加上地形限制无法通过现有桥梁扩建方式实现,必须新设过河通道。项目所在区域处于黄河峡谷区进入平原区的"喇叭"口,因此不予考虑;下游平原区受河防限制,不宜距既有桥梁结构物过近,如果过远,则河道长度增加,工程规模不易控制。经综合比选,确定原禹门口黄河公路大桥向下游约420m作为建设桥位。详细比选内容见本篇"第4章 桥位及跨径比选"。

1.3.2 桥型比选

桥型比选应从安全、功能、经济、美观、施工、占地与工期多方面进行,从而确定桥梁结构形式。

(1)适用性。设计应满足长期运营及发展需要,同时满足泄洪、通航及通车等需求。建成桥梁应保证使用年限,便于检查和维修。

(2)舒适与安全性。设计应保证桥梁的舒适性,避免经受较大振动和冲击。桥梁整体结构和局部构件均应满足强度、刚度、稳定性和耐久性的需要。

(3)经济性。设计应从全生命周期角度综合考虑桥梁建设的经济性。

(4)先进性。设计要充分考虑现代桥梁建设的新技术,采用先进工艺技术、设备、材料和方法。

(5)施工便利性。设计应充分考虑相对成熟的施工技术经验,尽量降低施工难度,确保施工过程中安全、便捷。

(6)美观性。设计应考虑桥梁整体外形与周围环境、景致和谐、统一,结构比例良好,有秩序感和韵律感。

禹门口黄河公路大桥受河防要求限制,最小跨径不小于168m,同时考虑特大桥设计的主基调,考虑基础条件、后期运维、施工难度等,最终在连续梁和斜拉桥之间比选。经多次桥型方案论证,与项目业主充分沟通,并形成一致意见,确定大桥桥型为双塔双索面钢—混凝土组合梁斜拉桥,主要基于以下考虑:第一,主河槽内桥墩数量尽可能少,利于河防,便于基础施工;第二,钢—混凝土组合梁斜拉桥结构技术安全、可行、先进,满足使用功能前提下,结构新颖,体现当代桥梁建设的技术水平;第三,钢—混凝土组合梁斜拉桥耐久性高、维护量少,全生命周期成本低,且景观效果好,与环境协调匹配。

1.3.3 跨径布置

桥梁跨径布置要结合桥型综合选择确定,考虑桥位的通航、行洪、地质、抗风、抗震等条件。对于跨越大江、大河桥梁,其主跨跨径主要由桥区航道的通航要求以及河道行洪要求决定。同时,要结合桥型的经济跨径、施工难易因素、工程规模、控制条件等确定。

考虑禹门口黄河公路大桥跨径不得小于168m,钢—混凝土组合梁斜拉桥的常用跨径范围在400~600m之间,符合河道相关规定,同时又留有较为宽松的适用空间,最终选择主跨565m,主要是因为按照防洪评价报告,主桥第一个桥墩位置布设于山西岸侧禹门口工程第一个坝档内,主河槽为1042m,而且黄河西岸又有铁路下穿,主桥跨越施工难度较大,因此,考虑大桥边中跨比的合理参数,确定了跨径布置设计方案。同时,由于跨径受限,大桥不具备设置辅助墩的条件,增加了项目的技术难度和实施难度。因此,项目组开展了大量的无辅助墩大跨径钢—混凝土组合梁斜拉桥的专题科研和设计分析工作。

1.4 设计要点

1.4.1 总体设计

1)功能设计

线路布局设计要服务于特定区域和节点或特定层次的交通需求,并主动适应交通发展的需要。由于区域空间结构存在差异,路网在不同地区有不同性质的交通需求、布局形态与运行特征,特别对于区域周边交通系统,要重视区域发展与周边,特别是城市发展中交通需求层次、结构的变化,正确把握设施设计从空间"量的扩张"向系统服务"质的提高"的转移。

2)平面设计

桥上及桥头引道的线形应与路线布设相互协调,各项技术指标应符合路线布设的规定。桥梁的线形及桥头引道要保持平顺,使车辆能平稳通过。

3)纵断面设计

桥梁纵断面设计包括确定桥梁的总跨径、桥梁分孔、桥面高程、桥下净空、纵坡、基础埋置深度等。

4) 横断面设计

桥梁横断面的设计,主要要确定桥面宽度和与桥面宽度有关的桥跨结构横断面的布置。而桥面宽度则决定于行车和行人的交通需要。

5) 跨径布置

根据具体情况,应考虑全桥刚度、拉索疲劳强度等多种因素,可按双孔、三孔或多孔布置。

禹门口黄河公路大桥处于陕晋两省交界地带,协调难度较大;沿线洗煤厂密集,建设环境复杂。其总体设计兼顾桥位处通航、水利、铁路与公路交通各方面的需求,较好地实现了区域经济社会与黄河过河通道布局的发展。由于主桥跨越黄河,整个项目路线总体走向由东向西,东岸接108国道河津段改建终点,西岸顺接108国道韩城北线改建段起点,全长4.45km。主桥实施方案为(245+565+245)m钢—混凝土组合梁斜拉桥,大桥两个主塔位于黄河主河槽内,主梁采用组合梁结构便于拼装、架设和运输,且相比钢箱梁节约造价。

1.4.2 构造设计

1) 主梁构造

综合考虑组合梁斜拉桥纵、横向受力情况,合理选择截面形式和梁高。

(1) 主梁的高跨比。对于双塔三跨斜拉桥,组合梁高跨比选择 $1/125 \sim 1/200$。

(2) 主梁横截面。主梁横截面宽度 B,取决于行车道、人行道宽、拉索布置、横断面布置、抗风稳定性等因素,且宽度 B/跨径长度 $L \geqslant 1/30$,宽度 B/主梁高度 $h \geqslant 8$。组合梁斜拉桥主梁截面可用两工字形钢主梁其间加小纵梁截面形式,跨径较大时也可采用边钢箱梁截面形式。从桥面板厚度、横梁高度及主梁高度各项所选择的数据中,再优选出最小的每延米自重,最终确定主梁横截面。

(3) 横梁高度。横梁高度由桥宽或索面之间的净距所决定,一般为桥宽或索面间距的 $1/20$。

(4) 桥面板。桥面板由横梁的间距和板的跨径决定,应做多方案比较。若采用钢筋混凝土或预应力混凝土桥面板,则要求厚度 $\geqslant 250mm$,混凝土强度等级不小于C40,需存放 $4 \sim 6$ 个月才能使用,混凝土板间接缝、钢梁顶面的剪力键与钢梁顶面应有效地结合成整体。

(5) 索梁锚固。大跨径组合梁斜拉桥索梁锚固结构主要有以下几种连接方式:锚箱式连接、锚拉板式连接、耳板式连接和锚拉管式连接。

2) 索塔构造

(1) 索塔造型。索塔造型简单地分为直线形索塔和折线形索塔。索塔设计应满足强度、刚度、稳定等使用要求,并充分考虑施工方便、造价低及造型美观等要求。

(2) 塔高。双塔斜拉桥索塔高与主跨比宜选用 $0.18 \sim 0.25$,并使边索与水平线夹角控制在 $25° \sim 45°$ 之间。

(3) 细部构造。对于混凝土索塔,应根据施工需要在索塔内配置型钢作为劲性骨架;对于钢索塔,宜设计成矩形空心箱截面形式,根据工程实际也可将其设计成T形或准十字形空心箱形式。

由横断面优化后的每延米自重可估算塔的断面积,按选择的索形和塔形细节详图及必要的张拉操作空间,初选塔的断面形状。

(4)索塔锚固。对于实心体截面和H形截面形式的索塔,由于锚固是对面张拉、交叉进行的,因此,水平力互相抵消,塔内不存在张拉力;对于箱形截面形式的空心索塔,拉索会对索塔断面产生较大的拉力,故采用布置预应力筋与钢横梁的方式来承担拉索较大的水平拉力。

3)拉索构造

(1)索形。索形应根据设计总体构思、受力情况、美学要求等因素确定。在竖直面内可选择的索形一般有辐射形、扇形、竖琴形和非对称形。

(2)拉索种类。斜拉索应结合起重、运输和安装等条件选用平行钢丝斜拉索、钢绞线斜拉索。

(3)索面。索面有单索面和双索面,一般选择双索面。

(4)索距。由索面、索型选择和断面优化可估算出索距、每根索截面面积和全桥钢束根数。

为了施工方便,应将尽量多的索的索距安排成等间距。但斜拉桥为非对称结构,尾段几根索要集中锚固,一般布置在非悬臂施工的支架范围内。

一般情况下,斜拉桥在具备条件时均考虑设置辅助墩,主要根据边孔高度、通航要求、施工期安全、全桥刚度以及经济、适用条件进行设置。在边跨加设辅助墩,对梁和塔的内力和变形都很有利。实践表明,无论采用哪种体系,设一个辅助墩,塔顶水平位移、主梁跨中挠度、塔根弯矩和边跨主梁弯矩均会急剧减小,一般为原来的40%~65%;加两个或两个以上辅助墩,降低幅度逐渐减小。禹门口黄河公路大桥由于主跨跨径较大,再加上两边跨不具备条件设置辅助墩,因此,对构造设计和施工方法都有较大的影响,构造设计时需重点比选主梁高跨比、边中跨比、塔高比等结构参数和构件尺寸,以改善无辅助墩大跨径组合梁斜拉桥的结构响应。

1.4.3 结构分析

对大跨径组合梁斜拉桥进行设计时,常采用整体平面模型和局部空间模型计算相结合的方法。即先通过整体分析得到各部分的内力,然后对关心的部位建立详尽的空间有限元模型,采用整体分析所得内力或位移作为边界条件,作局部应力分析。

禹门口黄河公路大桥由于结构复杂,再加上未设置辅助墩,设计前期进行了大量的结构分析和试算工作,包括结构整体计算分析、各构件的局部计算分析、稳定性分析、疲劳分析、动力特性分析、抗风计算、抗震计算等,另外,还对后期可能出现的单根拉索失效的不利情况进行了计算评估分析。

1.4.4 全生命周期建管养一体化设计

1)使用寿命设计

根据各个构件的设计使用寿命和桥梁整个体系的设计寿命相互关系,有针对性地对大跨径组合梁斜拉桥使用寿命设计策略与方法进行设计研究。

2)使用性能设计

在设计前对桥梁使用性能的高低、变化发展的趋势进行合理预测。设计内容包括耐久性设计、安全性能设计、使用性能设计等。只有将上述设计有机结合,才可能达到最佳使用性能要求。

3) 使用、养护、维修设计

根据大跨径组合梁斜拉桥独特的设计特点,对不同的维修养护方案进行比选,达到在最佳时期对桥梁进行维护效果,减少后期维修养护成本,在一定程度上增强桥梁使用性能。

4) 成本分析

设计充分考虑桥梁设计、施工建设、维护养护、改造变更、拆除回收、再利用等所有阶段的费用,保证桥梁在整个生命周期内使用的总财务成本和环境成本最低,符合可持续发展和环境保护的要求。

5) 生态环境设计

把生态环境概念贯穿融入桥梁设计的每一个环节之中,设计要符合桥梁在整个生命周期内环境保护的规定,从根本上提高环境保护要求。

6) 美学设计

桥梁设计在保证桥梁实用功能的基础上,要综合构造设计和美学设计,通过两者融合,最大限度实现功能、技术、经济、美观等桥梁全寿命设计的总体性能要求。

7) 信息化集成平台设计

建设项目信息化管理集成平台和移动解决方案,践行"互联网+交通基础设施"理念。集成平台贯穿大桥全生命周期,包括施工图深度检查、精细化施工模拟、可视化施工监控、基于移动终端的健康监测实时数据分析、养护管理信息化等。

禹门口黄河大桥是陕西省第一个落地的 PPP(Public-Private Partnership,政府和社会资本合作)示范项目,被列入财政部第三批示范项目名录。项目运行之初,即提出全面践行全生命周期建管养一体化的管理理念和具体措施。大桥建设以 100 年的使用寿命为根本,进行全生命周期策划,统筹开展工作。设计通过充分论证、综合对比施工技术的可行性、经济性,统筹考虑安全、质量、进度、运营养护等因素,形成了从前期规划、勘测、设计,到施工、监理、检测、监控,再到后期运营、养护"一盘棋"的工作格局。

1.5 小结与思考

大跨径组合梁斜拉桥正朝着大跨径、轻型化、数字化的方向发展,已成为大跨径桥梁领域竞争能力较强的桥型,其跨度规模在不断刷新纪录,工程设计方法和理论也愈发成熟。同时,上部采用组合梁体系综合了钢梁和钢筋混凝土梁的优点,可以用传统的施工方法和便捷的施工工艺获得优良的结构性能,其技术经济效益和社会效益显著,非常适合我国基础建设的国情。然而,在特殊的建设条件下,如复杂风环境、复杂水环境、河道受限、复杂地质条件等,会影响桥梁结构的常规设计,不仅给结构安全性、耐久性方面带来一系列技术问题,同时也对全生命周期内的桥梁使用提出了更高的要求。针对这方面结构设计和处理方法的研究还相对较少。

禹门口黄河公路大桥作为大跨径斜拉桥,由于河防要求条件受限,加之边跨范围内无法设置辅助墩,导致主梁、索塔、拉索内力较大,同时边跨挠度增加,整体刚度降低。为提高结构整体刚度,利于结构受力,设计对此开展了一系列专题研究,对结构进行不断优化使得各项技术指标均满足了结构受力要求。

第2章
禹门口黄河公路大桥设计概况

禹门口黄河公路大桥前期论证作了大量的桥型比选分析,在设计阶段有序开展了专项试验研究工作,并取得了一系列研究成果,解决了设计中面临的多项技术难题,力求设计科学、严谨、经济、合理。本章共分为建设目的与意义、设计历程与主要成果、主、引桥设计方案、设计难点与创新、小结与思考5个部分论述。

2.1 建设目的与意义

G108 国道起于北京,经河北、山西、陕西、四川,终于云南昆明,承担着沿线各省市主要的交通重任,为各省市经济的发展发挥着重要的作用。108 国道在陕西、山西交界处,通过禹门口黄河公路大桥连接东西两岸。

原禹门口黄河公路大桥是 G108 国道跨越黄河的大型桥梁,如图 2-1 所示。该桥位于秦晋峡谷出口处、陕西省韩城市东北部及山西省河津市西北部,左岸是山西省河津市龙门村,右岸是陕西省韩城市渚北村。该桥于 1973 年建成通车,设计荷载为:汽车-13 级,拖-60,已运营 40 多年。该桥设计标准低,过往车辆主要为运输煤、氧化铝和钢锭的重型车辆,运营荷载远大于设计荷载。根据当时对大桥的检测结果,该桥已被评定为四类危桥,无法满足车辆通行需要,随即交通管理部门对大桥进行了限载、限高管制,国道至此成为"断头路"。

2011年6月1日,交通运输部印发了《关于印发G108和G205国道改造示范工程实施方案的通知》(图2-2),明确了示范工程的指导思想和基本原则,提出了实施目标、工作步骤、主要任务和相关工作要求。根据方案关于"瓶颈路段改造"的明确要求,G108国道山西和陕西省省界路段按一级路实施。经过多方面分析比较,原桥加固维修后仍无法满足一级公路交通需要。为促进当地经济快速发展,满足交通持续增长需要,维持较高服务水平和通行能力,从根本上解决交通压力,避免桥梁结构出现恶性事故,应尽快新建一座桥梁,以满足两省两市交通需要。

图2-1 原禹门口黄河公路大桥

图2-2 交通运输部关于G108等国道改造示范工程实施方案的通知

禹门口黄河公路大桥及引道工程路线总体走向为由东向西,起点位于山西省河津市108国道禹门口公路超限检测站南侧,接G108国道河津段改建终点,向西在抗日英雄纪念碑南侧跨越黄河,进入陕西省韩城市境内,上跨侯西铁路、黄韩侯铁路后,沿既有G108国道向西,经渚北村,跨韩桑运煤铁路后止于上峪口超限监测站西侧,顺接G108国道韩城北线改建段终点。线路全长4.45km。

G108国道禹门口黄河公路大桥的建成,将有效完善国家公路网,为韩城市、河津市乃至陕西、山西两省国民经济发展起到积极的推动和促进作用。主要可满足如下需求:

(1)加快中西部地区经济发展的需要;
(2)区域经济发展的需要;
(3)两市交通发展规划需要;
(4)G108国道交通增长的需要;
(5)缓解G108国道区域交通瓶颈的需要;
(6)开发旅游资源、加快旅游事业发展的需要。

2.2 设计历程与主要成果

2.2.1 工程可行性研究阶段

按照2012年2月17日黄河水利委员会黄河水利科学研究院在G108国道禹门口黄河公路大桥桥跨布置方案讨论会上提出的要求,孔跨布置在主河槽1042m范围内桥墩间距应不小于168m。跨径168m以上的常见桥型主要有连续梁桥、连续刚构、矮塔斜拉桥、梁拱组合桥、拱桥、常规斜拉桥和自锚式悬索桥等。根据建设条件,通过深入调查和研究,多方论证,比选出适宜桥型。此过程中的主要历程回顾如下。

(1)2014年8月18日,在陕西省交通工程咨询有限公司召开关于禹门口黄河公路大桥及引道工程桥梁专业专家咨询意见讨论会。

中交第一公路勘察设计研究院有限公司(以下简称"设计单位")提交了斜拉桥、拱桥、变截面连续箱梁桥、矮塔斜拉桥等六种桥型方案,经讨论形成的方案如下。

方案一(推荐):常规双塔双索面斜拉桥,建议主梁采用工字梁+混凝土桥面板,主塔采用混凝土结构;

方案二(比选):三塔双索面斜拉桥,建议主梁采用工字梁+混凝土桥面板,主塔采用混凝土结构;

方案三(比选):变截面连续梁桥。

(2)2014年9月13日,陕西省交通运输厅、陕西省交通工程咨询有限公司、西安公路研究院有限公司、各专业咨询专家以及设计单位对本项目进行现场勘察咨询。

根据咨询意见,禹门口黄河公路大桥主桥初设提交方案如下。

方案一(推荐):双塔双索面斜拉桥,跨径组成为245m+565m+245m=1055m,桥面宽26.5m;

方案二(比选):双塔双索面斜拉桥,跨径组成为245m+565m+245m=1055m,桥面宽30.5m;

方案三(比选):变截面连续箱梁桥,跨径组成109m+6×181m+109m=1304m,单幅桥宽15.5m。

(3)2014年10月20日,G108国道禹门口黄河公路大桥及引道工程初步设计阶段主桥桥型方案讨论会在陕西省交通运输厅召开。

结合会议精神,根据《108国道禹门口黄河大桥及引道工程防洪评价报告》,考虑到本项目的建设条件、工程规模及施工难易程度,从质量可控、结构耐久性、可施工性、施工工期、后期养护及工程造价方面,对禹门口黄河公路大桥主桥桥型进行了综合比选。比选认为,常规斜拉桥、变截面连续箱梁桥相对其他桥型有明显优势,因此,确定就常规斜拉桥及变截面连续箱梁桥跨径组合及主梁结构形式进行比选。

(4)2015年2月7—8日,由陕西省发展和改革委员会主持召开《108国道禹门口黄河公路大桥及引线工程可行性研究报告》审查会,会议审查同意方案一作为推荐方案,即主跨565m双塔双索面钢—混凝土组合梁斜拉桥,跨径组合为[10×40+(245+565+245)+(50+90+50)+40]m。下阶段对三塔双索面钢—混凝土组合梁斜拉桥、预应力混凝土变截面连续梁桥与推荐方案进一步作同深度比选。主桥桥型方案比较见表2-1。

主桥桥型方案比较 表2-1

序号	主桥桥型	主桥规模	技术难点
1	斜拉桥	跨径较大,边跨可设置在主河道范围,并满足黄河水利委员会相关要求,主桥长可控制在1060m内	技术成熟,跨径及桥宽均为国内一般水平,建成运营桥梁众多
2	连续梁桥	因桥型边中跨比例要求,主河道内无法布置边跨,边跨置于调水工程外,故主桥长约1304m	跨径为国内第一,联长国内领先,支座吨位国内领先,如1304m一联需对主梁结构、支座、伸缩缝进行特殊设计; 如断联,需对刚性铰、支座等进行特殊设计

(5)2015年8月25日和2015年9月8日,由陕西省交通工程咨询有限公司组织召开《108国道禹门口黄河公路大桥及引道工程初步设计》预审会,会议审查同意采用设计单位推荐的双塔双索面钢—混凝土组合梁斜拉桥方案。

(6)2015年9月,设计单位按照陕西省发展和改革委员会工可批复要求,针对27m、31m两种桥梁宽度方案再次进行详细对比。

2.2.2 初步设计阶段

本项目于2015年10月10日由陕西省交通运输厅组织召开初步设计专家评审会,并于2016年3月24日予以批复。

批复原则同意初步设计根据桥位处桥型方案选择的主要控制因素,按照技术先进、安全可靠、适用耐久、经济合理、选型美观的原则,从结构受力及耐久性、施工特性及难易程度、通航防洪防凌、养护维修、桥梁美学效果、施工工期、技术成熟度七个方面对三种桥型进行综合比选,原则同意推荐方案主桥采用钢—混凝土组合梁,半漂浮结构支撑,钢绞线斜拉索,"H"形主塔,钻孔灌注桩基础。

初步设计概算编制符合交通运输部颁布的《公路工程基本建设项目概算、预算编制办法》(JTG B06—2007)和《公路工程概算定额》(JTG/T B06-01—2007)及陕西省有关规定,经审查,核定本项目初步设计概算为861483004元。

2.2.3 施工图设计阶段

施工图设计工作过程如下。

(1)2015年10月,设计单位详勘及定测工作开展,各专业组三次进场开展外业调查工作。

(2)2016年2月,根据铁路部门相关文件,大桥西引桥(跨侯西和黄韩侯铁路)及韩桑运煤专线分离式立交桥(跨运煤专线)委托由设计单位设计。

(3)2016年3月,施工图设计送审文件(不含铁路桥)提交陕西省交通工程咨询有限公司、双院制审查单位西安公路研究院有限公司审查。

(4)2016年3月4日,中交韩城黄河大桥有限公司就大桥钢结构材料选用及东引桥桥型选择与设计单位对接。

(5)2016年4月26日,设计单位就大桥东引桥设计与山西岸水利设施设计相互交叉问题现场踏勘,并由韩城市交通运输局函请河津市交通运输局与汾河清水复流北赵连接段工程建设方沟通,明确水渠对周边构造物的相关要求。

(6)2016年5月,陕西省交通工程咨询有限公司组织召开关于禹门口黄河公路大桥及引道工程施工图设计咨询意见讨论会。根据咨询意见,东引桥设计调整为预应力混凝土现浇箱梁方案。

(7)2016年6月,综合陕西省公路局等多方意见,确定东引桥桥梁结构形式为 $2\times(3\times 40)+4\times 42.5=410m$ 装配式预应力混凝土组合箱梁。

(8)2016年7月3日,陕西省公路局组织召开禹门口黄河公路大桥及引道工程施工图设计审查会议。

(9)2016年7月6日,陕西省公路局组织召开禹门口黄河公路大桥及引道工程机电、房建施工图设计审查会议。

(10)2016年8月,设计单位向陕西省交通工程咨询有限公司提交禹门口黄河公路大桥及引道工程(除铁路桥)施工图设计评审后修编图纸。

(11)2016年8月11日,由中国铁路西安局集团有限公司(原西安铁路局)组织召开韩城市境内108国道与铁路交叉工程施工图设计评审会。

(12)2016年9月14日,应中国铁路西安局集团有限公司(原西安铁路局)要求,对下桑铁路立交桥上跨铁路相交里程处轨顶高程进行复测,并由公务段、供电段等铁路部门工程技术人员确认沿线设施是否存在干扰。

(13)2016年9月19日,设计单位根据下桑铁路立交桥上跨铁路相交里程处设计净空不能满足电气化(远期规划)要求的实际情况,对该立交桥处纵坡进行微调,使设计净空满足铁路部门要求。

(14)2016年9月26日,中国铁路西安局集团有限公司(原西安铁路局)对韩城市境内108国道与铁路交叉工程予以函复。

(15)2016年10月12日,设计单位向陕西省交通工程咨询有限公司提交禹门口黄河公路大桥及引道工程西引桥及下桑铁路立交桥施工图设计评审后修编图纸。

(16)2016年10月14日,设计单位向陕西省交通运输厅定额站提交本项目施工图设计评审后修编图纸全套预算文件。

(17)2016年10月28日,设计单位向陕西省公路局提交施工图设计报批文件。
(18)2016年11月25日,陕西省交通运输厅定额站出具施工图修编图纸的审查意见。
(19)2016年12月12日,陕西省公路局对禹门口黄河公路大桥及引道工程施工图设计予以批复。

批复同意主桥上部结构设计为(245+565+245)m双塔双索面钢—混凝土组合梁斜拉桥,全长1055m。斜拉桥主梁断面形式为双工字梁+混凝土桥面板,纵向为半漂浮体系,纵桥向在索塔下横梁和梁体间设置纵向阻尼器,横桥向索塔内侧设置横向抗风支座。同意主梁采用双工字形钢主梁结合桥面板的变截面整体断面,双工字形钢主梁横向中心间距为28.0m,梁高由工字形钢主梁处2.8m变化到路线中心线处3.07m,端部10.11m区段范围内由2.8m加高到3.5m,高度变化过渡区长3m。同意主梁、横梁、小纵梁通过高强度螺栓连接形成钢梁段,架设预制桥面板,现浇混凝土湿接缝,通过焊接于钢梁顶面的抗剪栓钉组成结合梁体系。同意斜拉索梁上采用锚拉板锚固。

施工图设计预算编制符合交通运输部颁布《公路工程基本建设项目概算、预算编制办法》(JTG B06—2007)和陕西省有关规定,核定施工图设计预算总金额为854279625元。

2.2.4 主要成果

1)批复及审查类成果

(1)《陕西省发展和改革委员会关于108国道禹门口黄河大桥工程可行性研究报告的批复》(陕发改基础〔2015〕841号)。

(2)《陕西省交通运输厅关于108国道禹门口黄河大桥工程初步设计的批复》(陕交函〔2016〕235号)。

(3)《陕西省公路局关于108国道禹门口黄河大桥工程施工图设计的批复》(陕公路函〔2016〕836号)。

(4)《黄河流域河道管理范围内建设项目108国道禹门口黄河公路大桥审查同意书》(黄水政字〔2014〕10号)。

(5)《西安铁路局关于韩城市境内108国道与铁路交叉工程有关问题的复函》(西铁总鉴函〔2016〕90号)。

(6)《西安公路研究院关于报送108国道禹门口黄河公路大桥工程施工图设计审查意见的函》(西公研院审函〔2016〕10号)。

(7)《108国道禹门口黄河大桥及引道工程设计咨询报告》(西安公路研究院有限公司,2014年6月)。

2)设计及科研类成果

(1)《108国道禹门口黄河公路大桥及引道工程可行性研究报告》(设计单位,2015年3月)。

(2)《108国道禹门口黄河公路大桥及引道工程(K0+590~K5+040)两阶段初步设计》(设计单位,2015年9月)。

(3)《108国道禹门口黄河公路大桥及引道工程(K0+590~K5+040)两阶段施工图设计》(设计单位,2016年12月)。

(4)《108 国道禹门口黄河公路大桥安全风险评估报告》(设计单位,2015 年 7 月)。

(5)《108 国道禹门口黄河公路大桥防洪评价》(黄河水利委员会黄河水利科学研究院,2012 年 12 月)。

(6)《108 国道禹门口黄河公路大桥方案变更防洪评价》(黄河水利委员会黄河水利科学研究院,2016 年 1 月)。

(7)《禹门口黄河公路大桥抗风试验研究》(长安大学,2016 年 1 月)。

(8)《复杂环境下无辅助墩大跨径组合梁斜拉桥建设成套技术及应用》科研报告。

2.3 主、引桥设计方案

2.3.1 主桥设计方案

梁式桥、拱桥、斜拉桥及悬索桥等桥型方案均适用于本项目。设计阶段展开了多桥型方案的比选论证,综合考虑施工、环境、景观、造价等多方面因素,初设阶段确定三个主桥桥型方案,分别为方案一:主跨565m 双塔双索面斜拉桥,跨径组合为:(245 + 565 + 245)m = 1055m,方案二:主跨360m 三塔双索面斜拉桥,跨径组合为:(170 + 2×360 + 170)m = 1060m;方案三:主跨181m 预应力混凝土变截面连续梁桥,跨径组合为:(109 + 6×181 + 109)m = 1304m。

上述三个桥型方案,均能满足黄河行洪、防凌及通航要求,而且技术成熟,安全可靠,工期有保障。桥型选择主要从技术先进、美观新颖、经济、行车舒适、设计和施工技术成熟度、工期等方面综合考虑。设计最终采用主跨565m 的双塔双索面斜拉桥方案。比选经过详见本篇"第5 章 桥型比选"。

2.3.2 引桥设计方案

引桥包括东、西引桥,根据《黄河河道管理范围内建设项目技术审查标准》的要求以及《108 国道禹门口黄河公路大桥桥跨布置方案讨论意见》(2012 年 2 月 27 日)会议纪要,滩地孔跨不应小于40m。因此,东引桥采用多跨40m 装配式预应力混凝土组合箱梁与装配式预应力混凝土连续T 梁进行比选,西引桥采用(50 + 85 + 50)m 预应力混凝土变截面连续箱梁、单跨50m 预应力混凝土简支T 梁、两跨40m 预应力混凝土简支T 梁方案比选。

1)东引桥方案

由于河津岸地势平坦,考虑跨越河堤路的需要以及尽量减少基础方量,避免对自然环境的过多破坏,降低施工难度和安全风险等因素,引桥桥型方案宜采用40m 的标准跨径桥梁,通常考虑装配式预应力混凝土组合箱梁、装配式预应力混凝土连续T 梁等结构。

装配式预应力混凝土组合箱梁具有结构受力合理、建筑高度小、结构轻盈、施工周期短、可工厂化预制生产、经济效益显著等优点,故东引桥确定采用装配式预应力混凝土组合箱梁。

2)西引桥方案

黄韩侯铁路和侯西铁路为单线电气化线路。为跨越铁路,考虑(50 + 85 + 50)m 的预应力混凝土变截面连续箱梁、单跨50m 跨径预制简支T 梁、两跨40m 跨径预制简支T 梁三种方案。

(1) 方案一：(50+85+50)m预应力混凝土变截面连续箱梁方案。

国内跨铁路施工常用方法有预制吊装施工、顶推施工、转体施工和挂篮施工。预应力混凝土现浇连续箱梁桥转体施工是将桥墩设置在铁路外，在桥墩上设置转轴，在铁路外将梁体和桥墩修好，然后转动一定角度，跨越铁路，在现浇段完成合龙。但本桥转体施工存在以下问题：一是本桥下部承台较大，如采用转体施工，则需在较大承台上安装球型支座。其次，经测算，85m跨单幅桥桥墩下埋设的球型铰支座受力达到80000kN以上，而分幅同时完成转体可能性不大，若整体一幅转体，支座反力更大，而且桥梁跨径接近100m，一次转体在国内经验较少。

(2) 方案二：单跨50m预应力混凝土简支T梁方案。

采用50m装配式预应力混凝土简支T梁跨越黄韩侯铁路和侯西铁路。

(3) 方案三：两跨40m预应力混凝土简支T梁方案。

采用2孔40m装配式预应力混凝土简支T梁跨越黄韩侯铁路和侯西铁路，其中，中墩设于黄韩侯铁路和侯西铁路之间。

三种方案经铁路管理部门评审函复如下：108国道以(50+85+50)m预应力混凝土连续梁桥形式、采用平面转体法施工从侯西线K79+233处上跨通过，桥梁全宽27m，道路与铁路平面夹角51°，铁路轨顶至道路梁底净高大于9.0m，最近公路桥墩外缘距侯西上行中心线8.8m。

为尽量小地减少对铁路的干扰，西引桥最终采用(50+85+50)m预应力混凝土变截面连续箱梁设计方案。考虑施工的可实施性，设计决定采用一墩双T不平衡的转体方案。

2.4　设计难点与创新

桥位所处峡谷与漫滩交界的复杂水环境、深切峡谷口的复杂风场、条件受限无法设置临时墩、引桥同时斜跨两条铁路等诸多难题横在建设者面前，在国内同规模桥梁中缺乏借鉴经验。大桥的建设始终坚持技术引领，汇集国内众多桥梁知名专家和工程技术人员的聪明才智，凝结了建设团队的艰辛奉献，攻克了多个技术难题。

1) 复杂水环境及适应性设计

黄河在禹门口向桥位延伸420m范围，河宽由一百多米骤变至1km，是典型峡谷与漫滩交界的复杂水环境，存在河势游荡摆动频繁、严重淤积与强烈冲刷更替、冰凌灾害多发等问题。

设计依据不同频率洪峰流量，进行防评计算+水文物理模型试验+数字模型等多举措分析，针对最大冲刷深度达29.79m的实际情况，对桩基设置、承台埋深、栈桥架设等进行适应性设计。桥梁建设期平稳度过"2017年1号洪峰"和罕见的"揭河底"考验，建设全程安全应对行凌行洪。

设计为保证全生命周期内结构的安全性和耐久性，建立高含沙洪水冲刷和冰凌冲击模型，采取增设钢护筒防护、主塔防护涂层等措施，解决冰凌撞击、泥沙磨蚀等问题。

2) 复杂风场及全过程对应设计

禹门口附近的风环境极其复杂、恶劣，集山地风效应、狭管效应和水面风效应于一体，要求设计团队针对施工期各环节、成桥运营期进行全过程对应设计。

(1) 多点位实地观测。设计单位牵头在桥位处设置气象观测塔，利用VT-1相控阵多普勒雷达和Gill超声风速仪,进行风观测及数据采集,分析西北方山体以及禹门口出山口形成的风场对桥梁稳定的影响。

(2)多阶段风洞试验。在主梁风洞试验基础上,补充进行了桥塔气动弹性模型风洞试验和最大双悬臂气动弹性模型风洞试验。分析各阶段不利影响,提出对应设计措施。

(3)施工阶段对应设计。施工最大双悬臂阶段是桥梁结构在风作用下的最不利状态,设计团队针对最大双悬臂状态有辅助墩和无辅助墩两种结构状态时,处于均匀流场及大气边界层紊流场中不同风攻角下的颤振稳定性、静风稳定性、涡激共振特性以及风振响应性能进行了全面的研究,并最终确定在不额外增加抗风缆的条件下,在1/3边跨处施加临时墩可大幅降低最大双悬臂端主梁的风振响应,以最经济的投入确保施工安全。

(4)成桥阶段对应设计。设计综合考虑成桥阶段结构抗风性能和行车安全性能,通过设置导流板+隔流板+稳定板+矩形风障,并采用黏性剪切阻尼器及磁流变阻尼器控制拉索振动,采用抗风支座抵抗风对主梁的作用力,有效确保大桥运营阶段抗风安全性和行车舒适性。

3)无辅助墩大跨径组合梁斜拉桥结构响应控制及优化设计

禹门口黄河公路大桥主桥结构复杂,悬臂长度达200m,国内尚无先例。基于动静力学特性分析对无辅助墩大跨径组合梁斜拉桥结构响应控制进行研究,从而进一步优化结构设计。

根据参数敏感性对塔、梁、索的内力和变形等结构行为的影响进行分析;根据位移应力可靠度分析得到可靠指标的随机变量。大跨径斜拉桥边跨未设置辅助墩,主梁、索塔、拉索内力较大,同时边跨挠度较大,为确保大桥安全、耐久,设计对主梁、主塔、拉索采取提高刚度的技术措施,使之满足结构受力要求。

4)细部构造力学行为分析及精细化设计

在塔、梁、索优化设计的基础上,设计对钢锚梁、锚拉板、剪力连接件等关键构件的力学行为进行分析,包括:索塔锚固区钢锚梁-钢牛腿进行了最不利索力作用下的结构应力分析,明确了结构各构件的受力状态和传力路径;对锚拉板结构的关键区域,按照我国规范和ASSHTO规范、BS5400规范进行疲劳分析;对栓钉剪力连接键受力状态、抗剪刚度以及极限抗剪承载力进行计算等。通过精细化及优化设计,为桥梁安全及经济性等方面提供了技术保障。

5)西引桥超大吨位转体及可视化设计

大桥西引桥小角度跨越侯西两条电气化铁路,连续梁设计采用转体施工,两个T构转体总重近2万t,且纵、横向均不对称,转体采用国内最大吨位RPC球型支座系统。

设计建立BIM(Building Information Modeling,建筑信息模型)模型实现了碰撞检查、方案优化、工程量计算;通过AR(Augmented Reality,增强现实)技术实现三维旋转模型技术交底,直观清晰地指导了现场施工。

6)服务全生命周期建管养及一体化设计

设计发挥引领作用,践行"全生命周期建管养一体化"先进理念。设计细节充分考虑施工的可行性、安全性和后期运营养护的便利性,会同施工单位协力攻关,先后顺利完成如下工作

(1)饱和液化砂层及水流环境——筑岛围堰超大深基坑干开挖干封底施工;

(2)工期优化——塔梁同步施工关键技术研究与优化;

(3)精细化施工——钢主梁精细化建造关键控制指标研究与应用;

(4)工期优化——两节段一循环散件悬拼施工技术及设计变更;

(5)施工安全——临时支撑设置与解除方法及设计变更。

运营阶段,设计单位编制了《禹门口黄河大桥运营养护手册》,为大桥顺利建设和中长期安全运营保驾护航。

2.5 小结与思考

禹门口黄河公路大桥建设项目位于陕西、山西交界处,其中主桥跨越黄河,受建设条件、自然环境等诸多因素影响,技术难度极大。项目从工可前期工作开始到交付成果历经10年,其间做了大量的研究、论证工作。在桥位比选和桥型选择阶段对复杂水环境、复杂风环境、抗震、结构受力、耐久性等专题进行研究,最终确定主桥采用主跨为565m的双塔双索面斜拉桥方案,因此,该桥成为我国西北地区及黄河流域跨径最大、技术含量最高、结构最复杂的桥梁。在此期间,设计人员积累了大量丰富的技术经验,在此谈几点感受。

1)顶层设计的重要性

项目前期,设计单位开展了多次方案研讨、技术咨询等各级别会议,聘请国内外知名专家为本项目作全程指导,将全生命周期理念深植于设计之中,最终为项目的高起点、高品质、高水准奠定基础,从而不留遗憾。

2)科研支撑不可或缺

为克服复杂环境给项目带来的不利影响,设计前期以及设计过程开展了水文、地质、气象等方面的多项科研工作,特别是无辅助墩设计的专题研究为设计提供了大量的基础数据,使得设计成果安全、科学、合理,经得起推敲。

3)细节决定成败,品质源于精细化

深度研究规范,领会和把握先进的设计理念和思想。对重点构件实现精细化建模和研判,充分考虑施工各环节和要素、完整工况,背对背计算复核。严格设计质量管控,层层把关。

第3章
禹门口黄河公路大桥建设条件

禹门口历来为秦晋交通要冲,陕晋两省黄河两岸人民群众对于108国道禹门口黄河公路大桥的建设充满期待,但桥位处工程地质、水文、风等自然环境非常复杂,大桥建设面临诸多技术难题。为合理确定建设方案,设计单位多次现场踏勘,有针对性地开展专题研究和科研试验,并将技术成果应用于本项目中。

3.1 工程地质

1)地形地貌

项目区位于晋陕峡谷出口,韩城与河津的分界处,跨越山西运城和陕西黄河湿地省级自然保护区,地貌单元为峡谷与黄河冲积平原的接合部,地形起伏较大。桥址上游是晋陕峡谷,属于山地丘陵区;下游盆地,海拔350~600m,盆地地势低平,第四系沉积厚度400~1500m。

2)河床结构

桥位处为典型的河流堆积地貌,黄河在此处由峡谷区进入平原区,河槽骤然展开,河谷急剧变宽,平面呈现"喇叭"状,形成宽浅型河床,地形略有起伏,地势开阔,水流散乱,沙洲密布,河床软弱,河槽弯曲,河岸两侧形成明显岸坎,主流摆动不定,具有典型的游荡型河道特点。

"揭河底"冲刷现象,在该河段表现较为明显,河床总的趋势是淤积抬高,平均每年淤高约8cm。地面高程380.26～402.82m,相对高差22.56m。勘察期间河水深0.2～2m。

桥位断面附近地形较平坦,地势开阔。上部为厚14.70～28.40m的细砂,松散～中密状态,土石工程分级为Ⅰ级;下部为卵石层,厚度14.20～54.30m,母岩成分以灰岩、砂岩为主,花岗岩次之,密实状态,土石工程分级为Ⅳ级;局部路段卵石层下揭露细砂,密实状态,揭露层厚4.80～47.10m。

3) 区域地质构造

项目区属于祁吕贺山字形构造的钱弧东翼与新华夏构造体系第三沉降带复合部位,以东北—西南向的山前大断裂(即韩城大断层)为界,东南面属渭汾地堑,西北面属鄂尔多斯台向斜的陕北盆缘褶皱区,构造复杂,矿产丰富,存在发生中强以上的地震条件。

区域出露的构造形迹主要为两类:一是压性断裂,其展布方向主要为北东向,北北东向次之,以南东向倾向为主,北西向较少。二是张性结构面以张扭性断裂为主,以韩城大断层为代表,展布方向北东向、北北东向皆有之。除此之外,尚有东西向、南北向、北西向构造存在。

4) 断裂构造

项目区内主要断裂构造为韩城断裂,韩城断裂的展布方向北东向,本次勘察实测断裂带上盘产状为北东30°走向,东南倾向,倾角65°,断裂带垂直厚度约100m,属张扭性断裂。本次勘察地调韩城断裂距离测设108国道K3+320右边桩北西向约240m处,测设黄河大桥与韩城断裂呈近平行,桥址区位于韩城断裂上盘。

新构造特征:区内各大小河流在黄河第三阶地形成后发生强烈下切,形成深数十米的"V"字形河谷。变形测量资料表明,韩城地区正以每年统计毫米的速度抬升,而且越往东北,抬升速率越大。所有这些资料一致表明,自晚更新统以来,韩城地区的构造运动状态和运动性质至少保持着稳定发展状态。本地区该断裂活动性强烈,有感地震频发,桥梁必须做好抗震设计。

5) 地震

项目区处于祁吕贺山字形构造前弧东翼褶皱带,该翼向北北东偏转的转折地段(禹门口),新华夏系构造插入本区,两者于此呈构造复合部位。从晚古生代起,构造运动强烈,禹门口至韩城一段受水平强烈挤压,古生代及更老地层发生强烈褶皱,并产生大规模的叠瓦式冲断层。其后,新华夏系利用祁吕贺的压性构造面插入本区,以重接关系复合,加强构造的活动性。新构造形迹有龙门山下古生界灰岩中构造断裂发育,灰岩与上覆的上更系统黄土发生断裂,表明祁吕贺系至近代仍有继承性活动。历史地震震中呈北北东向的带状分布,近代大量观测地震资料,特别是1959年韩城5.4级地震等震线的长轴方向均为北北东向,与区域应力场吻合。根据韩城地震台1970年以来的观测分析,本区新构造运动强烈,地壳变形幅度大,小震活动密集。

根据国家质量技术监督局出版的1:4000000《中国地震动参数区划图》(GB 18306—2001),工点处地震动峰值加速度为0.161g,相当于地震基本烈度Ⅶ度,动反应谱特征周期为0.46s。

根据钻孔剪切波波速测试成果,主河槽范围内QLZK3孔等效剪切波速V_{se}=382.57m/s;QLZK7孔等效剪切波速V_{se}=365.35m/s;QLZK11孔等效剪切波速V_{se}=378.55m/s。依据《建筑抗震设计规范》(GB 50011—2010),判定场地土类型为中硬土,覆盖层厚度>5m,判定场地类别为Ⅱ类。

6）地层岩性

根据钻孔揭示及工程地质调绘，勘察区地层在钻孔揭示深度范围内由第四系全新统杂填土（Q_4^{me}）、冲洪积（Q_4^{2al+pl}）细砂、粗砂、卵石，全更新统粉质黏土、粉土、粉砂、砾砂、卵石（Q_4^{1al+pl}）、上更新统（Q_4^{eol}）黄土、（Q_3^{2al+pl}）粉质黏土、细砂、碎石土，古生界绿泥石片岩，太古界花岗片麻岩（Ar）组成。根据钻探揭示的地层岩性，结合原位测试、室内物理力学试验及地调等成果，可将桥基岩土体划分为9个工程地质层，自上而下依次为杂填土、细砂、粉土、卵石、粉土、粉砂、细砂、全风化花岗片麻岩和强风化绿泥石片岩。

禹门口黄河公路大桥11号主塔、12号主塔地层岩性条件分别如图3-1、图3-2所示。

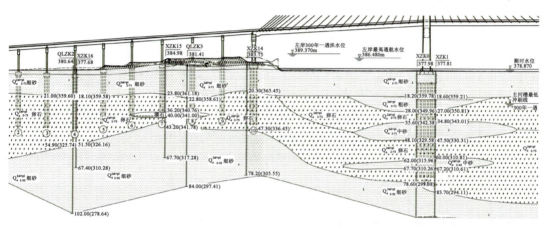

图3-1　11号主塔地层岩性条件

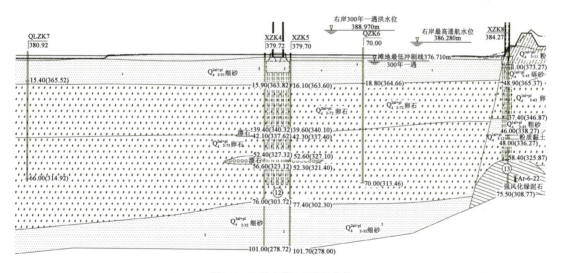

图3-2　12号主塔地层岩性条件

7）不良地质及特殊岩土

（1）不良地质。桥位区域内存在地震液化和新构造运动。桥址范围内地下水位以下，20m以上的饱和粉细砂为可液化层，液化土层厚14~20m，液化指数I_{lE} = 15.4~50.6，液化等级为严重。

（2）特殊岩土。勘察区特殊性岩土为湿陷性黄土，主要零星分布于勘察区高阶地上，距离线路走廊较远。勘察区水位以下细砂为液化性砂土。

8）场地评价

桥址处于黄河阶地、河道、河漫滩上，地形较平坦，地势开阔。桥址处地层较简单，工程性质差异较小。下伏卵石土埋深较大，且层厚稳定，工程性质较好，可作为桥基持力层。

桥址区部分桥基位于河道中，两季及暴雨时泄洪量大，洪水携带的泥沙及漂石对桥基冲刷及冲撞强烈，对桥基安全有一定影响，设计应采取措施保证黄河河道行洪畅通，对于河道的桥基采取相应的防冲刷和防撞击等保护措施，确保桥基稳定。

桥址区 K2+170—K2+270 段为非自重湿陷性场地，湿陷等级为 II 级中等。设计应采取处理措施，确保桥基稳定。

河津侧桥台位于河漫滩，地形较平坦，地势开阔。地层岩性为第四系全新统冲洪积细砂、卵石，岩性较简单，桥台较为稳定。韩城侧桥台位于二级阶地，地形稍有起伏，地势开阔。地层岩性为第四系全新统冲洪积粉土、卵石，岩性较简单，桥台较为稳定。

本项目工程地质相对复杂，具有典型的黄河河道泥沙淤积层较厚、基岩埋藏深的特点，给基础设计带来了一定的难度。设计反复研究分析，对桩基桩长、桩径反复进行方案比较，最终优化群桩基础，确保桩底置于持力层，使之剧烈冲刷下仍然具备足够的承载力。由于所处区地震烈度相对较高，设计开展了抗震研究和分析，并采取了对应的抗震措施。

3.2 水文

1）河流概况、河段特性

从历史河势看，河出禹门口后有三条基本流路，第一条流路为：水流出禹门口后直入清涧湾，然后右转 120°左右，经大石嘴直抵桥南、下峪口工程之间，再从下峪口南行。第二条流路为：水流出禹门口后不入清涧湾，而从禹门口工程前直接转向大、小石嘴工程，受该两段河堤的导流，入下峪口工程的中、下段，沿西岸而流。第三条流路为：水流出禹门口后折向右岸，经桥南工程上首到小石嘴，再沿小石嘴挑流方向折向下峪口工程，这种流路在禹门口转弯过大，水流不畅，多数情况是与第一、第二两条流路中的一条同时出现，这两股水流在小石嘴汇合，同时流向右岸，前者是大、中洪水流路，后者是小洪水流路。1982 年大洪水年出现第一条流路，1983 年、1988 年、1990 年出现第二条流路，1985 年、1989 年、1992 年出现第三条流路，总趋势上已形成汛期三条流路交替出现的无定形主流流势的模式。由于 1998 年兴建了清涧湾调弯控导工程，河势在清涧湾调弯工程附近得到一定程度的控制。

根据桥位上下游附近河段河势影像图（图 3-3），桥位河段主流摆幅频繁，近几年的主流流路充满整个主槽断面。根据黄淤（68）断面主河槽宽度变化过程（图 3-4），确定桥位断面主河槽宽度。

1965—2011 年，该河段共发生 3 次强烈的"揭河底"冲刷，分别是在 1969 年、1970 年和 1977 年。河床发生剧烈的"揭河底"冲刷后，均出现一个快速淤积回升过程。强烈的"冲刷"，使冲刷河段形成一个顺直、窄深的主河槽,且滩槽高差增大。随后的几年里,在没有大洪水的情况下,滩地大量坍塌,主槽展宽,河床在主河槽展宽的同时快速回淤升高。当河槽回淤到一定程度后,滩槽高差减小,平滩流量减小,淤积在更宽的范围内进行,即使在淤积量相同的情况下,河床平均淤积厚度也会变小,河道上升的速度明显变缓。在来水、来沙都减少的情况下,断面主槽平均高程会出现相对稳定的状态,如 1995—2007 年;而在 1970—1980 年,主河槽较窄,最大未超过 1500m;1981—1998 年,主河槽宽度基本稳定在 2850m 左右;1999—2011 年,主河槽进一步缩窄,基本稳定在 1940m 左右。

图 3-3　桥位上下游附近河段河势影像图
注:图片取自《108 国道禹门口黄河公路大桥防洪评价》。

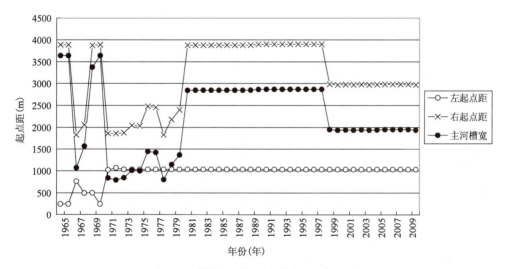

图 3-4　黄淤(68)断面主河槽宽度变化过程
注:图片取自《108 国道禹门口黄河公路大桥防洪评价》。

2)水文条件

本项目位于陕西省韩城市与山西省河津市之间黄河干流上,该河段属黄河小北干流(禹门口至潼关)上段,上距龙门水文站基本断面 1.92km。桥位处实测黄河水面最大宽约 1040m,

黄河在禹门口上游,属峡谷型河道,两岸直立岩石,河岸相对稳定,河槽限制在峡谷之间,河面宽度一般宽窄,流速快,无明显滩槽分界,主槽摆动变化幅度较小。禹门口处河槽中有一河心小岛,长约70m,宽约30m,至此河流分为两股,主流由禹门口黄河公路大桥通过,水面宽约140m,洪水期间部分洪峰由一孔63m拱桥通过。河槽在此处约宽350m。

为满足禹门口黄河公路大桥主桥的设计和建设的需要,黄河水利委员会黄河水利科学研究院以龙门站不同频率的洪峰流量为依据,采用防评计算、物理模型试验和数学模型试验三种方法得出拟建桥位处不同频率的洪水流量。桥位处不同频率流量设计洪水位成果见表3-1。

桥位处不同频率流量设计洪水位成果(黄海高程)　　　　表3-1

水文情况	300年一遇	100年一遇	10年一遇
频率(%)	0.33	1	10
洪峰流量(m^3/s)	34500	28300	16400
断面平均水位(m)	389.17	388.62	386.48
左岸水位(m)	389.37	388.82	386.48
右岸水位(m)	388.97	388.42	386.28

本项目所处河段河道的主要特征是:河床纵比上陡下缓,平均比降在3‰~6‰之间,河道沙粒径为0.2~0.3mm,韩城滩地面积29.95km²,主流摆幅最大3.5km,一般为1.5~2.0km,滩槽高差1.85m;历年自然弯道半径1.4~4.6km,曲折系数1.0~1.4;平滩以下河相稳定系数0.34,宽深比$\sqrt{B}/h$为30~50,平滩河槽最宽处为3.5~4.0km,最窄处不到1.0km,一般在2.0km以下。

3)暴雨特性

禹门口处洪水主要来自河龙区间,而黄河中游河口镇至龙门区暴雨量在地域上自东南向西北递减,且多发生于夏季,集中在7月中旬—8月中旬。

4)洪水特性

桥位断面以上干流洪水由两部分构成,一部分来自河口镇以上,一部分来自河口镇至桥位断面区间支流。河口镇以上洪水发生的量级较小,次数也比较少,洪水过程涨落缓慢、持续时间长、含沙量小。因此,河口镇站流量相对比较稳定,构成了河龙区间干流洪水的基流部分。河口镇至桥位断面区间支流大都属于山溪性河流,平水期流量小,但发生洪水的次数较多,突发性较强;受暴雨和下垫面特征的影响,支流洪水的大小和时空分布相差很大,洪水一般都具有暴涨暴落、峰形尖瘦、历时短、含沙量大的特点。

5)泥沙特性

龙门站年径流量的81%来自河口镇以上,而年输沙量只有14%来自河口镇以上,86%都来自河龙区间,具有典型的水沙异源特性。黄河上游来水多、来沙少,含沙量小;河龙区间来水少、来沙多,含沙量大。龙门站多年平均含沙量为29.7kg/m³,是河口镇平均含沙量的5.8倍。实测最大含沙量1040kg/m³(2002年7月5日),最大年平均含沙量是61.3kg/m³(1959年)。1950—2009年汛期平均含沙量约为44kg/m³。

6)凌情及灾害

(1)冰凌特征。禹门口河段每年冰期长达3~4个月,龙门水文站受禹门口卡口影响,封冻年份占6.8%,最长封冻天数67d(1954—1955年)。经调研,桥址区河道流冰期间为每年11月中、下旬起历时80~130d,多年平均86d。最大冰块直径10.0m,厚2.5m。平均流冰疏密度(冰块占水面宽度的比例)为1/10~3/10。根据龙门站冰情观测,冲到岸上最大冰块体积10m^3;实测流凌最大流速3.16m/s,表面流速一般为垂线平均流速的1.1~1.2倍,表面最大流速可达3.79m/s。

(2)冰凌灾害。2000年以来凌情最严重的是2000年2月和2010年1月的两次。其中,2000年2月7—9日,河津河段特大凌汛,40km^{2}的河道范围内堆积冰量约0.6亿m^3,水位不断上涨,壅水壅冰造成坝挡漫顶溃口,经济损失达3000余万元。2010年1月14—18日,由于主槽封冻,冰凌堆积壅高水位,造成河津清涧湾调弯下延工程、汾河口工程发生漫溢、渗水等险情。

7)地表水特征

地表水主要为黄河河水,黄河河水常年有流水,流量较大,季节性变化明显,雨季洪水暴涨,水位及流量变化较大。地表水对混凝土、钢筋的腐蚀等级为微腐蚀。

8)地下水特征

地下水为赋存于第四系全新统松散层中的孔隙潜水,埋深一般为0~3.5m,水量较大,水位变化较小,主要受大气降水及黄河河水补给。地下水对混凝土、钢筋的腐蚀等级为微腐蚀。

3.3 气象与风环境

桥址处位于暖温带半干旱气候区,具有冬季寒冷偏短、夏季炎热较长,降雨偏少,年内分配不均,昼夜温差较大,四季明显的基本特征。据陕西省韩城市气象站资料统计,年平均气温14.2℃,极端最高温度40℃,极端最低温度-15℃,年平均降雨量558.4mm,年平均蒸发量1680.9mm,年平均风速1.9m/s,主导风向西北风,最大风速16.0m/s,最大积雪厚度18cm,最大季节冻土深度37cm。

桥址区风环境极为复杂、恶劣,按照《公路桥梁抗风设计规范》(JTG/T D60-01—2004)的规定,桥址区设计基本风速为27.6m/s(100年重现期)。据G5高速公路龙门特大桥建设期间风参数观测站提供的数据资料显示,无论是最大风速或阵风因子,实测值均比规范值大,风攻角达到8°~-7°,超出规范值。G5高速公路龙门特大桥风观测站观测数据表见表3-2。

G5高速公路龙门特大桥风观测站观测数据 表3-2

重现期	设计基准风速(m/s)	阵风风速(m/s)
10年	25.1	33.9
50年	29.1	39.3
100年	31.0	42.3

另外,大桥位于禹门口出口附近的黄河主河道内,常年盛行大风,同时由于黄河峡谷出口与桥位形成一定的夹角,周边有蜿蜒的黄土高坡,使得桥位各里程上风速和风向不尽相同,有

涡流现象。河道在桥位上游420m处由峡谷地带骤然开阔变宽，特殊的地理位置，使得桥址位置冬季风力较大，每年10月底开始起风，每日18:00—次日12:00均处于大风时段，瞬时风力可达10级。

3.4 小结与思考

  本章介绍了大桥所处区域的工程地质条件、水文、气象等，说明项目所在区域控制因素较多，环境复杂，反映了项目深入开展前期论证和勘察设计阶段精细化设计的必要性。项目组通过长期、深入调查和研究，对几乎可能使用的桥型均进行了对比分析，设计中不断突破技术堡垒，消除了复杂周边环境对结构的不利影响。

  桥位处工程地质复杂，河床以下100m范围难以见到基岩，再加上黄河河道较大的淤积和冲刷，对下部桩基设计要求极高，如何保证桩基足够安全和工程造价在可控范围内，需要设计综合考虑并深入分析；风、地震、水文等各种复杂环境因素下，面对着无辅助墩设计的结构特点，需要开展相关的专题科研试验工作辅助设计，以克服上述困难。

第4章
桥位及跨径比选

禹门口为黄河晋陕峡谷南端出口,历来为秦晋交通要冲。但要冲素来为险地,路线走廊处桥位资源受限,水文地质条件、自然环境复杂,大桥建设面临诸多技术难题。禹门口区域地形地貌如图4-1所示。新建禹门口黄河公路大桥路线走廊所处峡谷与漫滩交界的复杂水环境,严重制约大桥的设计和施工。自项目启动至2016年开工建设历经十余年,其间根据黄河水利委员会和防评部门的多次指导,对设计方案进行了多次优化调整,最终获批在原桥下游420m处,跨主河槽1060m范围主桥采用(245 + 565 + 245)m = 1055m双塔双索面组合梁斜拉桥。

图4-1 禹门口区域地形地貌

鉴于桥位所处水情复杂、桥群密集，设计单位与水利部门建立了良好的沟通机制，充分考虑了河道防洪、行凌对大桥建设的影响，及时根据各方意见优化调整，优质高效完成了前期桥位及桥型比选论证工作。

4.1 桥位比选

受两岸既有道路接线限制，新建桥梁仅能在原桥位附近至G5高速公路龙门大桥以上约6km河段布置。该河段桥梁布设较为密集，桥位河段既有桥梁分布如图4-2所示。在禹门口处，河槽中有一河心小岛，长约70.0m，宽约30.0m，至此河流分为两股，主流由现禹门口黄河公路大桥通过，水面宽约140.0m。此位置，自上向下密集布设四座桥梁，分别为：原108国道公路桥，单孔144m单链悬索钢桁梁桥；禹门口（龙门）黄河铁路大桥，为单孔跨径144m下承式钢桁梁；黄陵—韩城—侯马铁路黄河大桥，主桥为跨径154m下承式钢桁梁桥。该河段在黄淤68断面下游6270m处建有G5高速公路龙门特大桥，为主跨352m双塔双索面混凝土斜拉桥和主跨2×125m三塔单索面混凝土矮塔斜拉桥。在此范围内新建桥梁，必然要考虑桥群效应对防洪的不利影响。

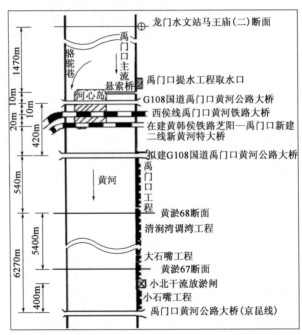

图4-2 拟建桥位河段既有桥梁分布

注：图片取自《108国道禹门口黄河公路大桥防洪评价》。

1）第一桥位：原禹门口黄河公路大桥向下游约66m桥位

原108国道桥位山西河津岸位于一石嘴处，108国道从侯西铁路下穿后向北10m左右，向西直转（转弯半径约20m），沿石嘴布设约95m的路基，进入现禹门口黄河公路大桥（主桥）。两岸桥台距离144m。进入黄河河槽中一小石岛，设置一段路基，作为向北直转的过渡段（转弯半径约 50m),再设置一 63m 空腹式混凝土拱桥,跨过此处禹门口黄河分叉支流。然后再直转向西(转弯半径约 20m),达到韩城港大门口(上游桥位起点处),贯通 108 国道。

第一桥位位于新建黄韩侯铁路复线下游 30m 处,即位于原禹门口黄河公路大桥下游 66m 处。路线起于山西河津侧原 108 国道距大桥 650m 处,桥梁起于 AK0+120.00 处,向西跨越黄河左岸(河津侧)龙门提水工程、抽黄一级站及其渠道、黄河大堤、黄河河槽,进入陕西省韩城市境内,与新建黄韩侯铁路复线基本保持平行,并于 AK1+650 处附近与侯西铁路、黄韩侯铁路复线交叉(交叉角度约为 40),采用桥梁上跨方式通过,桥梁终止于 AK1+800.00 处。为满足与韩城段北线一级公路连接要求,路线需连续西行,于 K1041+100 处(韩城段北线一级公路桩号)与韩城北线一级公路顺接。桥梁全长 1680m。

2)第二桥位:原禹门口黄河公路大桥向下游约 420m 桥位

第二桥位位于原桥下游约 420m 处,路线顺接河津市规划的一级公路,起点位于山西省河津市境内(108 国道 K1033+000 处),在抗日英雄纪念碑南侧向西跨越黄河大堤、黄河河槽。进入陕西省韩城市境内,于 BK1+450 处附近与原侯西铁路及其复线交叉(交叉角度约为 55°),采用桥梁上跨方式通过,而后路线左转设置左偏曲线,桥梁终止于 BK1+570.00 处(本桥起点为 BK0+090.00)。为满足与韩城段北线一级公路连接要求,路线需继续西行,于 K1041+100 处(韩城段北线一级公路桩号)与韩城北线在建一级公路顺接。桥梁全长 1640m。

3)第三桥位:原禹门口黄河公路大桥向下游约 2.6km 桥位

第三桥位位于原桥下游约 2.6km 处,路线起点位于山西省河津市境内西侯家村南侧,桥梁起点为 CK1+200 处附近,向西在 CK1+500 处附近跨越黄河大堤、清涧湾调湾工程、黄河河槽,进入陕西省韩城市境内,于 CK5+560 处附近与原侯西铁路交叉(交叉角度约为 75°),采用桥梁上跨方式通过,桥梁终止于 CK5+850 处。而后路线左转设置左偏曲线,与韩城北线在建一级公路顺接。桥梁全长 4650m。

综合比较,第二桥位平面线形连续舒顺,纵面指标均衡,视线诱导自然连续,运行安全性高,桥头接线景观优美、与周围环境配合协调,工程规模最小,工程造价合理,经黄河水利委员会审批,第二桥位作为禹门口黄河公路大桥推荐桥位。桥位比选方案见表 4-1。

桥位比选方案　　　　　　　表 4-1

项　目	第一桥位 原桥下游约 66m 处	第二桥位 原桥下游约 420m 处	第三桥位 原桥下游约 2.6km 处
平面线形指标	不能满足一级公路平纵面指标要求,且大部分指标在一般设计值与极限控制值之间,受地形地物限制,部分指标采用极限值,属特殊条件下的特殊设计。存在较大的安全隐患	较好	较好
纵面线形指标		较好	较好
工程地质要求	满足	满足	满足
工程水文影响	最小(如无法实现一跨过河,则影响最大)	较小	主河槽相对不稳定,已经分为两股主流,河槽激荡,桥梁布孔相对受此影响较大。桥墩数量最多,影响较大

续上表

项 目	第一桥位 原桥下游约66m处	第二桥位 原桥下游约420m处	第三桥位 原桥下游约2.6km处
地形地物影响	在黄河两岸征地拆迁量较大,且河津侧拆迁主要影响现有水利工程,拆迁难度极大	最小	韩城岸临近工业区,征地拆迁工作量大
征地/拆迁量	较大/较大	最小/大桥无拆迁	最大/最大
区域交通规划	不满足	满足	不能满足河津侧已经报交通运输部审批的108国道河津段至禹门口段改建工程规划要求
实施技术难度	极大	最小	很大
受铁路及隧道影响	全线受侯西铁路及黄韩侯铁路复线影响。在河津侧主桥跨黄河起点位置,两条铁路及108国道已将有限的路线走廊压缩殆尽,协调难度很大	较小	无影响
行车舒适性	较差	较好	较好
现有108国道保通	有一定影响	无影响	无影响

根据现场调查,本项目桥位选择控制性影响因素主要为工程地质状况、水文防洪防凌需要、既有地形地物地貌影响、公路设计标准要求及路线接线要求、铁路桥梁隧道影响、区域交通运输需要、原108国道及禹门口黄河大桥保通需要、工程造价影响等。现仅就水文影响进行比选,主桥桥位比选相关参数见表4-2。

主桥桥位比选相关参数 表4-2

项 目	桥位名称		
	第一桥位	第二桥位	第三桥位
距原桥距离(m)	原桥下约66	原桥下约420	原桥下约2600
跨河长度(m)	650	1062	3780
桥梁长度(m)	1680	1640	4650
2004—2010年河槽摆动宽度(m)	550	1068	2300
线位与2010年汛后主流线切线方向夹角(°)	2	1	1
距龙门水文站距离(m)	1500	1920	4060
距黄淤68断面距离(m)	上960	上540	下1600
距龙门黄河大桥距离(m)	7230	6810	4670
结论	推荐第二桥位为设计桥位		

4.2 跨径比选

禹门口河段桥梁建设受水文影响因素多,建设条件复杂。桥位确定后,设计立即开展桥梁选型、布设孔跨等工作,并结合防评研究阶段性成果,多次优化,最终确定方案。

1）多孔连续梁方案

黄河在此河段河槽平面摆动频繁，近几年的主流流路就充满整个主槽断面。前期现场调查时至2011年冬季之前，黄河在桥位处主流线基本位于河津岸；2012年元旦前后，黄河主流线改移至韩城岸，2012年1月14日实测最大水深处距离河津岸937m，已经紧邻韩城岸；主流线又偏于河津岸。主流摆动幅度基本在禹门口控导工程和右岸高地之间，因此，确定的主槽宽度为禹门口工程至右岸山体，即1060m。在此宽度范围内，受河槽摆动，无明显主流影响，宜采取全断面范围内大跨径跨越。

在工可前期，设计方案采用全桥跨越河道方式设计，按照"孔跨布置应遵循主河槽1042m范围内桥墩间距不小于168m"的要求，主河槽内为6跨，跨径177m，全桥总长1685.36m。主槽桥墩立面布置如图4-3所示。同时对该方案进行了防洪评价计算及分析，并获得了批复。

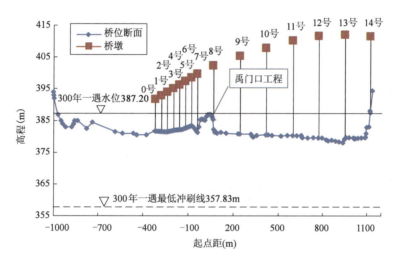

图4-3 多孔连续梁方案主槽桥墩立面布置图

具体设计如下。

主桥：(107+6×177+107)m（预应力混凝土变截面连续箱梁），共长1276m；

跨主河槽桥长：6×177=1062m。

2）大跨径斜拉桥方案

经公路部门和水利部门多次专家咨询评审，从黄河行洪、防凌、通航要求、抗震、施工难度、后期养护等多方面因素分析，认为预应力混凝土连续箱梁桥方案存在水中桥墩较多、施工难度和风险较大、结构自重过大致抗震设防困难、后期存在下挠和开裂等养护问题且施工工期较长等不利影响，宜予以优化调整。下面仅陈述行洪、防凌方面影响。

由于该河段洪水和冰凌情况比较严重，流冰及洪水期漂浮物是影响大桥桥墩安全的重要因素。流冰尺寸较大，凌汛期流冰和汛期最大漂浮物（如树木、船只等）将有可能直接撞击栈桥，对施工期临时设施和桥墩产生一定的撞击力度，威胁结构安全。考虑2000—2013年曾发生两次冰凌漫溢且在建桥梁均发生过相关险情；G5高速公路禹门口黄河大桥施工辅助栈桥、围堰发生过冰凌冲毁；黄韩侯铁路复线桥亦发生洪水冲毁钢栈桥等实际情况，主桥在施工过程中必须考虑防洪、防凌要求。多孔连续梁方案在河道内主墩较多且平均分布，建设期需在河槽内全断面架设钢栈桥压缩行洪行凌断面,运营期间要考虑洪水、冰凌对主墩的撞击,存在一定的风险。

同时,在此桥梁密集区段,考虑河段的河道特性、河势演变规律,为减少桥梁建设对河势演变、河道防洪、工程管理的影响,减小河段因修建桥梁引起的壅水叠加及河段防洪(防凌)需要,本河段新建桥梁宜采用大跨径结构,尽量减少水中基础。

综合以上因素,工可阶段主桥方案调整为主跨565m双塔双索面钢—混凝土组合梁斜拉桥,跨径组合为[10×40+(245+565+245)+(50+90+50)]m 的方案作为本项目大桥推荐方案。调整后方案左岸禹门口工程至右岸河槽范围内桥墩个数由7个变为4个。禹门口1号坝工程坝档内仍有一桥墩位置与原批复方案相同。原批复方案主槽最大桥跨为177m,变更后主桥最大跨径为565m,变更后主槽桥墩立面布置如图4-4所示。

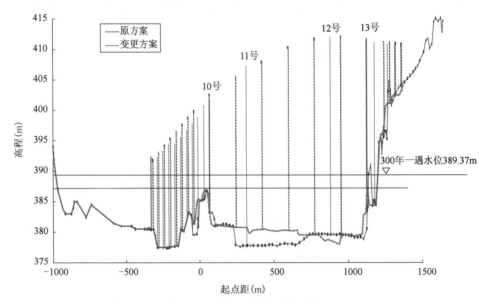

图4-4 变更后主槽桥墩立面布置图

针对(245+565+245)m钢—混凝土组合梁斜拉桥方案,进行了专门的防洪评价。经详细分析、专家现场调研和召开咨询会,认为因斜拉桥较预应力混凝土连续梁梁高大幅减小,故桥梁下弦高程较原方案提高4.2m;壅水及影响范围较原方案有所减小,但局部冲刷深度有所增大,河槽内基础数量大幅减少,故对桥梁下部结构实施难度无明显影响;施工期钢栈桥长度由1070m减小至550m,实现了最小占用河道过流断面,最大限度减小了对行洪、行凌的干扰,提高了施工中抵御洪水、冰凌的能力。防洪评价主要结论在满足规范要求基础上,均较原方案更加完善。

该方案在满足孔跨布置要求的同时,亦满足《黄河流域河道管理范围内建设项目审查同意书》中提出的防洪、防凌、通航等要求。经比较分析,该方案抗行洪、防凌方面都较大跨径预应力混凝土连续箱梁桥有优势,因此,在斜拉桥方案与预应力混凝土连续箱梁桥方案中进行比选,选择斜拉桥方案。

2017年7月,桥位附近继1977年后再次发生"揭河底",新华社、央视等媒体报道:"只见河水将河底泥土大块大块掀起,像土墙一样立于水中,然后水流再将土墙推倒、打散"。此时,因双塔间预留行洪通道,施工栈桥长度大大缩短,桥塔和临时建筑物均挺过了大洪水的考验。

4.3 小结与思考

禹门口黄河公路大桥于2016年10月开工建设,2020年9月通车运营。针对桥涵水文,设计单位在前期工作中体会到:

(1)桥位比选阶段,宜尽量满足水利部门不同河段容许桥梁间距要求,如确实无法满足,应采取加大桥梁跨径、减少桥墩数量等措施,减少因新建桥梁引起的壅水叠加,保证所在河段行洪安全。

(2)桥梁选型与跨径设计阶段,除满足水利部门最小跨径要求外,尚应考虑施工过程中行洪、行凌需要和运营期桥墩防撞需要;在无固定主槽的摆动性河段,宜采用大跨径结构,减少河道内桥墩数量,使有效过流断面宽度增加,以利于行洪、行凌。

(3)黄河桥梁建设,其水文分析复杂,影响因素较多,应在前期设计工作中加强与水利部门的沟通协调,根据其意见和建议优化结构设计,为大桥建设和安全运营奠定坚实的基础。

第5章
桥型比选

针对禹门口黄河公路大桥特殊的地形、工程地质、水文、风、地震以及施工条件等因素,对三塔斜拉桥、两塔斜拉桥以及连续梁桥方案进行技术论证,分析三种桥型的结构受力特点,对技术难度、施工难度及风险、运营养护难度、景观效果及工程造价等方面进行综合比较。具体如下:

(1)体现安全性、实用性、经济性、美观性。一切均以安全性为前提,安全性必须得到保证,选定的方案必须要能够满足抗风、抗震等受力要求,耐久性、稳定性、疲劳性能够满足规范要求。桥型还要与周边环境相协调,在保证使用要求的条件下,选择经济最优方案。

(2)重视安全和耐久两个设计关键问题。在设计过程中,对材料的选择、结构形式以及受力性能等方面重点关注安全和耐久性,选择合理的受力结构形式,限制后期易发生病害的桥型,从全生命周期角度考虑桥型方案。

(3)从长远发展、使用效果、技术水平等方面进行技术论证,全面评价桥型的适用性和技术先进性。

5.1 主要控制因素

根据前期工作成果和防洪评价报告,主桥桥型及跨径布置需考虑以下因素。

1)河防

(1)最小跨径要求。

主桥所处黄河河道具有"三十年河西,三十年河东"的河道变迁特点,河床宽浅,主流摆动频繁,是典型的堆积游荡性河道。推荐桥位处河道总宽度约1040m,推荐桥位纵断面如图5-1所示。黄河主流紧靠陕西岸侧,水深一般为2~4m。本河段水位受上游水库调水调沙及发电放水影响较大,受季节枯水及洪水期影响相对较小。

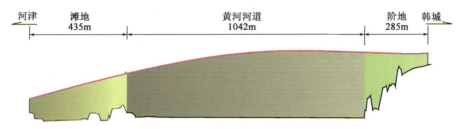

图5-1 推荐桥位纵断面图

河道范围内的桥梁跨径的下限需满足防洪、防凌和适应河道变迁的基本要求。根据《黄河河道管理范围内建设项目技术审查标准(试行)》以及相关文件要求,在黄河中游小北干流河段修建跨河大桥,桥孔跨径,主河槽1042m范围内桥墩间距不应小于168m,滩地孔跨不应小于40m。主桥设计控制性因素如图5-2所示。

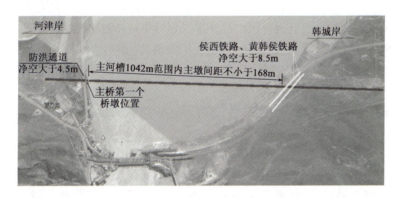

图5-2 主桥设计控制性因素

(2)水位及控制性高程规定。

桥位处300年一遇左岸水位为389.37m,100年一遇相应设计水位为388.82m,10年一遇相应设计水位为386.48m;右岸300年一遇水位为388.97m,100年一遇相应设计水位为388.42m,10年一遇相应设计水位为386.28m。考虑河道淤积,至2063年,相应水位较2011年可抬高2.03m。按照《黄河流域河道管理范围内建设项目审查同意书》(水利部黄河水利委员会)的相关要求,河槽内梁底最低高程为392.46m满足河道防洪要求,大桥主跨梁底最低高程397.80m满足河道通航要求。根据《黄河河道管理范围内建设项目技术审查标准(试行)》,经计算跨越禹门口工程坝顶的桥梁梁底高程不小于392.33m。

(3)壅水、冲刷要求。

根据壅水计算及审查意见,拟建桥位上距龙门水文站1920m,该桥最大壅水高度0.30m、壅水影响范围为1200m。根据冲刷计算，主河槽300年一遇、100年和10年一遇流量下最大冲刷深度分别为29.12m、25.39m和22.4m，主河槽冲刷300年一遇最低冲刷线高程为357.83m。此外，该河段存在典型的"揭河底"现象，可使平均河底高程降低5.4～7.6m。滩地最大冲刷深度为10.28m，最低冲刷线高程为376.71m。

桥梁上游壅水范围内河道工程按黄河防洪标准要求进行加高培厚，桥墩承台顶面高程应建在现状河床高程2m以下，以减小对行洪及交通安全的影响。

考虑到桥址区主河槽冲刷显著，且有"揭河底"现象，设计优先选择跨径大、基础少的桥型方案，且在桩基设计时选择较长桩。

(4)主桥第一个桥墩位置要求。

根据防洪评价报告，建议主桥第一个桥墩位置布设于山西岸侧禹门口工程第一个坝挡内，以减小水流对主墩的冲刷。

(5)防洪、防凌要求。

大桥在设计中应考虑洪水、冰凌对主墩的撞击和对临时栈桥的撞击，并采取相应防凌措施。考虑到桥址区容易遭受冰凌侵害，尽量选择跨径较大桥梁，减少水中桥墩数量和施工期间钢栈桥长度，保证有效行凌宽度，并对水中桥墩采用防冰凌设计。

(6)防洪抢险通道净高要求。

本项目在山西岸跨越禹门口防洪抢险通道，路线纵断面需满足4.5m净空要求。

2)通航

黄河壶口至龙门河段不通航，《黄河治理开发规划纲要》(1997年修改)中将此段河道规划为按Ⅵ级航道标准进行河道整治疏浚，交通部1988年编制的《黄河水系航运规划报告》中明确将"青铜峡至入海口2860km航道规划为Ⅳ级航道标准"。桥位所在河段的通航标准应按Ⅳ级考虑。

3)铁路

本项目主桥在陕西岸上跨黄韩侯铁路和侯西铁路，路线及桥跨布设充分考虑施工净空满足铁路相关规范8.5m净高及15m净宽要求。

考虑到大桥存在跨铁路施工，在施工过程中以及今后桥梁养护均会涉及与铁路部门协调的问题，因此，大桥主桥尽量不跨铁路。另外，设计一方面要考虑满足规范规定的净高要求，另一方面还应考虑施工期间搭设的临时设施会侵占净高，要保证施工作业空间。

4)风环境

桥址区风环境复杂，考虑桥址区风对桥梁施工以及结构本身受力的不利影响，在施工期间考虑设置临时墩以及抗风缆等构造措施，同时对斜拉桥还应采用抗风支座。具体参见本篇"第3章 禹门口黄河公路大桥建设条件"。

5)地震

大桥工点处地震动峰值加速度为$0.161g$，地震基本烈度为Ⅶ度，抗震设防措施等级为9级，抗震设防标准较高。考虑桥址区地震的不利影响，大桥设计采用抗震能力较优的半漂浮体系，同时主梁安装阻尼装置。

6)景观

禹门口黄河公路大桥位于晋、陕两省交界处，省级黄河湿地自然保护区域内，自然环境优美，建成后将成为晋、陕两省乃至东、西部社会经济、文化交流的重要纽带。因此，跨径选择应重视美学、景观需求,与桥位区域环境相协调。

7)经济性

大桥建设规模较大,对投资规模的控制重点应分析桥梁结构设计安全性与经济性的关系,为桥梁建设节约成本。

5.2 桥型方案初选

本桥主桥主跨不小于168m,主桥桥长不小于1042m,才能满足该河段防洪评价要求。因此,备选桥型可能要具备大跨、多孔、长联的结构特点。根据上述特点,对可能适用且相对成熟的桥型方案,如悬索桥、拱桥、斜拉桥、梁桥进行初步比选。

1)悬索桥

悬索桥分为地锚式悬索桥和自锚式悬索桥两种类型。根据原桥地质钻孔资料,桥区地面以下100m范围未见基岩,不适合建设锚碇,同时168m的跨径要求也不在地锚式悬索桥的经济跨径范围内,因此不宜修建。自锚式悬索桥无须设置体积庞大的锚碇,适合桥位处地质条件。但根据桥位特点,需采用单跨超过168m、总长度超1000m的多跨自锚式悬索桥,技术复杂,尚无建成先例,同时需采用"先梁后缆"的施工顺序,需要大量的大型临时设施,造价高,工期长,故不宜采用。

2)拱桥

拱桥分为有推力拱和无推力拱,鉴于桥位处浅层地质以砂层为主,地质条件较差,不适合修建有推力拱桥。无推力拱桥包括中承式系杆拱和下承式系杆拱。其中,中承式系杆拱一般采用三跨的飞燕式连续拱桥,如卢浦大桥、丫髻沙大桥等。

由于主桥全长超1000m,因此,主跨需大于600m,超出拱桥的适用范围,故不宜采用。对于下承式系杆拱,须采用主跨168m以上的多跨简支体系,一方面跨径偏大,设计难度大;另一方面主梁安装须搭设临时支架,拱圈安装无论采用支架还是采用无支架缆索吊装也均需要大量的临时工程,施工难度及造价均很高,而且后期养护工作量很大,吊索下端锚头锈蚀及短吊杆疲劳问题较为突出。因此,不推荐采用有推力拱桥和无推力拱中的系杆拱桥方案。

3)斜拉桥

斜拉桥桥面建筑高度较小,桥梁的跨越能力较大,便于悬臂施工,跨径适应性较强,且造型美观,在200~600m跨径范围内具有竞争力,如岳阳洞庭湖大桥、武汉二七长江大桥等。

如采用双塔斜拉桥,主跨跨径将超过500m,已建成的主跨跨径超过500m的双塔斜拉桥很多,设计、施工均有成熟的借鉴经验。多塔斜拉桥在整体升降温作用下边塔的受力较为不利,因为在升降温作用下主梁伸缩缝通过拉索带动塔顶产生较大偏位,导致塔底出现较大弯矩。三塔斜拉桥的力学行为与常规斜拉桥有着明显的差别,如何提高其体系刚度是研究的重点,自2000年湖南岳阳洞庭湖大桥建成以来,国内已建成多座三塔斜拉桥,积累了一定工程经验和技术储备,故选择三塔斜拉桥作为比选方案之一。

4)梁桥

预应力混凝土连续梁桥、预应力混凝土连续刚构桥是广泛使用的大跨径梁桥,其中预应力混凝土连续刚构桥常用于高墩,与本项目实际情况不符。预应力混凝土连续梁桥具有技术成熟、施工方便、造价较低的优点,国内已建成的桥梁最大跨径达180m以上,如乐自高速公路岷江特大桥。

但近年来的工程实践发现,大跨径预应力混凝土连续梁桥大都出现明显的跨中下挠、腹板开裂等病害,不易解决,且大吨位支座安装及后期维护、更换难度均较大,景观效果相对较差。鉴于其经济性较好,选择该方案作为比选方案。

经初选,选择双塔斜拉桥方案、三塔斜拉桥方案、变截面连续箱梁方案,从受力性能、抗震、施工、美学以及耐久性等多方面分别进行比较。

方案一:主跨565m双塔双索面斜拉桥,跨径组合为$(245+565+245)m = 1055m$;

方案二:主跨360m三塔双索面斜拉桥,跨径组合为$(170+2\times360+170)m = 1060m$;

方案三:主跨181m预应力混凝土变截面连续梁桥,跨径组合为$(109+6\times181+109)m = 1304m$。

5.3 桥型比选

5.3.1 斜拉桥与预应力混凝土连续梁桥

1)抗震性能比较

(1)斜拉桥方案。

以上部结构为$(245+565+245)m$三跨钢—混凝土组合梁双塔双索面斜拉桥为例进行抗震计算,主梁采用半漂浮结构支撑。下部桩基接承台,钻孔灌注桩基础。抗震计算采用反应谱法,计算两种超越概率水平地震动作用下桥梁的地震反应。为保证计算精度,取前24阶振型进行叠加,包括了桥塔、主梁、边墩和临时墩的主要振型。经计算,方案一结构的各部分地震响应均较大,但通过采用结构构造处理,可以保证结构的抗震安全性。

如采用斜拉桥方案,则还可采用如下减隔震措施。

①减隔震盆式支座。减隔震盆式橡胶支座的基本原理是在盆式支座的基础上,增加了机械式的融断装置,并在支座顶板中增设防落梁机构而成。减隔震盆式橡胶固定支座沿桥梁纵向、横向均设计机械融断装置和防落梁机构。减隔震盆式橡胶横向活动支座沿桥梁纵向设计机械融断装置,纵向、横向均设计防落梁机构。减隔震盆式橡胶纵向活动支座沿桥梁横向机械融断装置,纵向、横向均设计防落梁机构。减隔震盆式橡胶双向活动支座在纵向、横向均设计防落梁机构。在支座正常使用状况下,支座所受的外力小于融断装置设计断裂力时,融断装置处于弹性工作状态,约束有效,从而保证了支座的正常使用;当外部水平力(如地震力)超过融断装置设计断裂力,融断装置断裂,释放侧向约束并第一次消耗地震能量,桥梁支座滑动面可再次进行滑移(称第二次位移),同时再次消减部分地震能量,当梁体滑移到减隔震盆式橡胶支座的极限位移时,支座中的防落梁机构再次起限位作用,起到了防落梁的作用。

②黏滞流体阻尼器。在地震(或风)力的作用下,与结构共同工作的黏滞流体阻尼器的活塞杆受力,推动活塞运动,活塞梁板的高黏性阻尼介质产生压力差,使阻尼介质通过活塞上的

阻尼孔,从而产生阻尼力,将结构振动的部分能量通过黏滞流体阻尼器中阻尼介质的黏滞耗能耗散掉,达到减小结构振动(地震或风振)反应的目的。

黏滞流体阻尼器在静止情况下,没有起始刚度,不会影响到结构的其他计算(如周期、振型等),也不会产生预想不到的副作用,不对温度变化、收缩徐变等因素引起的慢速梁体自由变形产生附加内力,对地震产生梁的快速变形却能迅速耗能,并减小梁体的加速度和位移。

(2)预应力混凝土连续梁桥方案。

本项目区域地震动峰值加速度为$0.161g$,相当于地震基本烈度Ⅶ度,动反应谱特征周期为$0.46s$,场地类别为Ⅱ类。在此条件下,变截面连续箱梁桥需设置固定支座。依据《公路工程抗震规范》(JTG B02—2013),桥梁抗震设防类别为A类,桥梁抗震措施设防烈度为Ⅷ度,E1地震作用抗震重要性修正系数C_i为1.0,E2地震作用抗震重要性修正系数C_i为1.7,$0.161g$地震动峰值加速度对应的E1地震水平(中震),E2地震作用下对应的特征周期要大于E1地震作用下对应的特征周期。因此,E2地震作用对应的地震动峰值加速度要大于$1.7 \times 0.161g = 0.274g$,E2地震作用较大。

连续梁桥方案跨径较大、联长较长、地震烈度较高、墩高较矮,支座吨位超过90000kN,桥墩刚度大,桥梁抗震设防难度较大,从耐久性考虑,该支座应采用球型支座。为满足正常使用状态下温度、混凝土收缩徐变、制动力作用等工况要求,球型支座设置为固定(GD)、单向(DX)、双向(SX)结构,固定和单向支座约束方向起到限位作用,中墩设置固定支座。在E2地震作用下,顺桥向的地震力主要由设置固定支座的桥墩承担,此桥墩所受地震力较大,会发生剪切破坏,且固定支座也会发生剪坏,而其他桥墩只承担较小的摩擦力,桥墩受力不均;横桥向为满足正常使用状态也设置了单向支座,对于横向每个墩而言均是固定墩,桥梁横向受力较大,桥墩和支座均不能满足受力要求。

经优化设计,使支座在正常使用阶段起到限位作用,在E1地震下需要取消限位作用,通过地震隔离和位移耗能,减少下部传递给上部的地震力。针对本桥支座吨位、尺寸空间等特点,具体措施如下:

①采用摩擦摆支座进行减隔震设计,E1地震作用下抗震销被剪断,依据单摆原理,支座球面摆动,动势、能转化实现减隔震功能。E2地震作用下,需采取复杂技术措施保证不落梁,桥墩不被剪断。

②变截面连续箱梁桥方案最大支座吨位达90000kN,摩擦摆支座设计制造在国内属于领先水平。支座工艺技术复杂,安装要求极高,且造价偏高,特大吨位支座后期如出现损伤等问题,维修困难,更换支座很难实现,将对主梁结构体系产生极其不利的影响。

③采用高性能阻尼器和防落梁装置共同设防。阻尼器在一定适用周期内需进行更换。

根据桥梁支座承载力要求,长联大跨特殊桥梁宜采用钢支座。通过对当时国内减隔震支座技术现状调研分析,结合桥梁特点、支座设计基本信息和桥梁减隔震分析等因素,可采用弹塑性钢减震支座和摩擦摆支座实现桥梁减隔震设计,考虑到支座尺寸及布置空间等问题,建议采用摩擦摆式减隔震支座。

摩擦摆式减隔震支座具有如下特点:

①采用多级设防原则,实现正常工况与地震工况下减隔震功能分离,并具有防落梁功能。

②增设导轨转动条组件,将滑动与转动功能分离实现,稳定可靠。

③支座可实现有效复位。

结合必要的计算及相关仿真分析,采用单自由度反应谱分析方法,初步确定设计参数如下。

支座型号:FFPB-90000-GD、FFPB-90000-HX-e20、FFPB-90000-ZX-e150、FFPB-90000-SX-e150/20、FFPB-90000-ZX-e250、FFPB-90000-SX-e250/20、FFPB-90000-ZX-e400、FFPB-90000-SX-e400/20、FFPB-12500-ZX-e500、FFPB-12500-SXe-500/20。

设计转角:$\theta = 0.02 \text{rad}$。

摩擦系数:转动摩擦系数$f_1 \leq 0.03$,滑动摩擦系数$f_2 = 0.03$。

若按照以上支座设计方案,本项目桥梁用支座价格将达到4000万元。

支座施工主要考虑支座安装的可行性,施工现场可考虑采用零部件分开吊装后再组装方法进行支座安装。其主要关键点如下:

对于中墩90000kN摩擦摆支座,支座质量约为44.4t,建议采用分开吊装后再组装方法进行;对于边墩12500kN摩擦摆支座,支座质量约为5.7t,建议采用整体吊装安装的方法。支座安装前应核实吊装支座的机械设备是否满足吊装能力,并确保设备具有一定的安全富余度。

结论:主桥宜优先采用抗震性能优异的漂浮体系,并设置减隔震盆式支座+黏滞流体阻尼器的减隔震措施,以达到减小结构地震反应的目的。若采用其他体系桥梁,亦可通过技术手段满足抗震设防需要,但费用较高,其中特大吨位支座工艺技术复杂,安装要求极高,且造价偏高。因此,推荐采用斜拉桥方案。

2)抗冰凌、磨蚀比较

(1)冰凌影响分析。

2012年8月,在综合考虑了在新建桥墩结构安全、对压缩河床断面、破冰棱以及在通航情况下桥墩的防撞等因素后,方案三变截面连续梁主墩构造设计采用矩形墩+圆形破冰棱,如图5-3所示。黄河水利委员会黄河水利科学研究院根据设计提供的数据进行了冰凌模型试验,试验发现,在冰凌期,矩形桥墩卡冰情况严重,且逆水流方向向上游发展,卡冰延伸方向与主桥轴线交角约30°,该河段为典型游荡性河段,矩形桥墩无法满足斜向来流方向的输冰效果,如图5-4所示。

通过与黄河水利委员会水利科学研究院进行反复沟通,设计对矩形桥墩进行优化,下部结构薄壁空心圆柱墩内径为2.75m,外径为4.25m,承台尺寸为39.7m×15.1m×5m,桩基为桩径2.5m的钻孔灌注桩。优化后构造设计如图5-5所示。通过模型试验,桥墩阻冰效果较矩形墩得到大幅改善。

(2)磨蚀影响分析。

桥梁处于黄河龙门下游宽浅河段,黄河至此流速放缓,水中泥沙、冰凌均对桥梁下部结构存在磨蚀影响。桥梁设计需考虑Ⅶ-C和Ⅶ-D磨蚀作用,并在下部结构设计中重点考虑。

结论:主桥如采用梁式桥,矩形墩阻冰明显,不便设置破冰棱,宜适当提高桥墩刚度。如采用大跨径结构,则有效行凌宽度增加,可避免此问题。同时宜尽量减少水中墩台数量,减少泥沙、浮冰磨蚀和冰凌撞击。

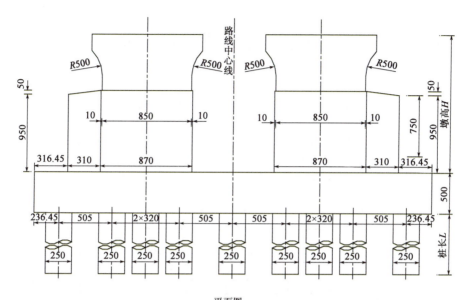

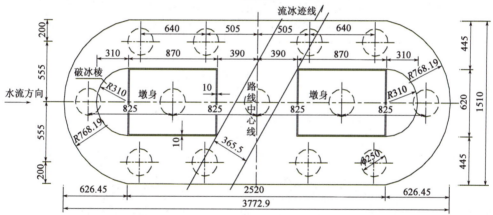

图 5-3　桥墩一般构造图(矩形墩+破冰棱)(尺寸单位:cm)

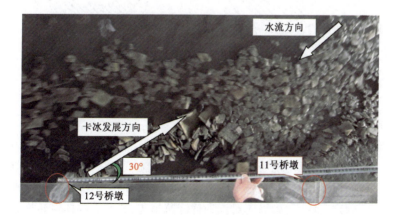

图 5-4　桥墩阻冰情况示意图

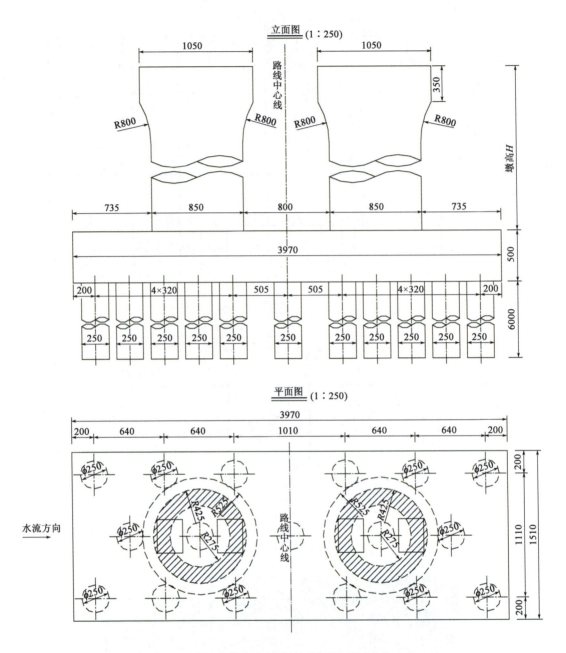

图 5-5 桥墩一般构造图(圆形空心薄壁墩)(尺寸单位:cm)

3)施工因素比较

斜拉桥方案主梁采用结合梁,其主梁、横梁和预制板都可采用小构件,易于运输和安装。钢梁现场栓接,预制混凝土板用现场湿接头连接。主塔施工期间,钢主梁及混凝土桥面板可提前在工厂预制。桥面板为预制结构,施工质量容易控制。而预应力混凝土变截面连续箱梁桥方案需要设置辅助固定支座,主梁纵向对称悬臂浇筑施工,合龙需要体系转换。且主梁采用挂篮悬臂施工,全部为混凝土结构,施工周期相对较长。

4)景观比较

斜拉桥方案造型美观、气势宏伟,斜拉索空间透视性好,富有张力。且本桥处于黄河主河道内,修建斜拉桥与周围环境相协调。主塔采用门形塔,充分融合了地方传统文化元素,同时还具有跨越能力大、结构轻巧、受力明确、结构形式简洁等优点。

方案三为预应力混凝土梁,桥型较为常规,且主梁根部尺寸较大,景观美学效果较差。

5.3.2 "双塔"与"三塔"斜拉桥

1)"三塔"斜拉桥方案存在的问题

因多塔多跨斜拉桥中间塔塔顶没有端锚索来有效限制其变位,结构整体刚度下降,对应缆索体系为不稳定体系。当多塔斜拉桥在单跨加载时,主塔两侧拉索产生不平衡拉力,而中间塔缺少有效水平约束,其不平衡力主要由塔身来承受,中间塔将承受更大弯矩,产生较大的塔顶位移,主梁挠度因此增大,已经是柔性结构的斜拉桥采用多塔多跨式,将使结构柔性进一步增大,从而造成变形过大。因此,提高桥梁的整体刚度成为多跨斜拉桥设计的关键问题。

一般采取如下措施解决"三塔"斜拉桥整体变形问题:增大主梁、中间塔的刚度,通常可纵向采用三角形索塔或组合式刚性索塔,但增大工程量,提高造价,整体景观效果差;将中间塔顶增设锚索进行加劲,景观效果虽然较差,但代价相对较小。另外,因在边跨设置辅助墩无法实现,应进一步增大边跨拉索的面积,减少边跨索距。

为了解设置锚索对"三塔"斜拉桥结构受力的影响程度,对中塔塔顶设置拉索与未设置拉索的情况进行对比如下。

(1)斜拉索索力幅值比较。

斜拉索索力幅值比较结果见表5-1。

斜拉索索力幅值比较结果(单位:kN)　　表5-1

工　况	成桥阶段	最不利荷载组合	索力变化值	出现位置
设置塔顶拉索	6189.1	8178.1	1989.0	边跨边索
未设置塔顶拉索	6560.6	8667.8	2107.1	边跨边索

(2)主梁变形比较。

主梁变形比较结果见表5-2。

主梁变形比较结果(单位:cm)　　表5-2

工　况	成桥阶段	最不利荷载组合	出现位置
设置塔顶拉索	-16.7	-72.7	中跨跨中
	-17.9	-72.7	边跨端索
未设置塔顶拉索	-9.5	-89.4	中跨跨中
	-31.8	-99.7	边跨端索

(3)主塔变形比较。

主塔变形比较结果见表5-3。

主塔水平变位比较结果(单位:cm)　　　　　　　　　　　　表5-3

工 况	成桥阶段	最不利荷载组合	出现位置
设置塔顶拉索	10.7	−11.7、34.0	边塔塔顶
	0	−13.4、13.4	中塔塔顶
未设置塔顶拉索	0.4	−28.5、30.6	边塔塔顶
	0	−26.2、26.2	中塔塔顶

(4)主塔内力比较。

主塔内力比较结果见表5-4。

主塔内力比较结果(单位:kN·m)　　　　　　　　　　　　表5-4

工 况	成桥阶段	最不利荷载组合	出现位置
设置塔顶拉索	125359.2	575518.2	边塔塔底
	0	534407.2	中塔塔底
未设置塔顶拉索	3147.1	547817.4	边塔塔底
	0	934585.3	中塔塔底

本次设计中"三塔"斜拉桥的中塔采用设置锚索来控制其变位,能够避免全桥在活载等不对称荷载作用下结构出现较大变形的问题。从计算中可以看出,采用塔顶设置拉索后,拉索索力变化值约降低6%,对于拉索结构的抗疲劳性能有明显提高。另外,设置了塔顶拉索后,主梁变形及中塔水平变位均较小,中塔塔底内力值较未设置拉索降低70%。

2)"双塔"斜拉桥(方案一)与"三塔"斜拉桥方案(方案二)比较分析

将双塔斜拉桥与中塔塔顶设置拉索的"三塔"斜拉桥方案进行计算对比如下。

(1)斜拉索索力幅值比较。

方案一、二斜拉索索力幅值比较结果见表5-5。

方案一、二斜拉索索力幅值比较结果(单位:kN)　　　　　　　　表5-5

工 况	成桥阶段	最不利荷载组合	索力变化值	出现位置
方案一	6191.4	8027.8	1836.4	边跨边索
方案二	6189.1	8178.1	1989.0	中跨边塔边索

(2)主梁变形比较。

方案一、二主梁变形比较结果见表5-6。

方案一、二主梁变形比较结果(单位:cm)　　　　　　　　　表5-6

工 况	成桥阶段	最不利荷载组合	出现位置
方案一	−6.5	−82.57	中跨跨中
方案二	−16.7	−72.7	中跨跨中

(3)主塔变形比较。

方案一、二主塔变形比较结果见表5-7。

方案一、二主塔水平变形比较结果(单位:cm)　　　　表5-7

工　况	成桥阶段	最不利荷载组合	出 现 位 置
方案一	3.5	-36.0、52.4	主塔塔顶
方案二	10.7	-11.7、34.0	边塔塔顶

(4)主塔内力比较。

方案一、二主塔内力比较结果见表5-8。

方案一、二主塔内力比较结果(单位:kN·m)　　　表5-8

工　况	成桥阶段	最不利荷载组合	出 现 位 置
方案一	4047.6	383558.2	主塔塔底
方案二	125359.2	575518.2	边塔塔底

由计算结果可知,方案一索力变化值较方案二低约8%,拉索结构的抗疲劳性能更好。虽然,方案一由于塔高及跨径规模更大,导致主梁变形及中塔水平变位较方案二大,但中塔塔底内力值较方案二低约35%。从抗疲劳及主塔经济性方面考虑,方案一较方案二都更为有利。

3)施工因素

从施工因素分析,"双塔"斜拉桥(方案一)与"三塔"斜拉桥(方案二)的对比结果如下。

(1)方案一河槽内桥墩为2边墩+2主墩,而方案二河槽内桥墩为2边墩+3主墩,方案一基础工程量小于方案二,施工难度小。

(2)方案一搭设临时钢栈桥仅需由过渡墩搭至主塔处,共计500m,而方案二则需要搭至中塔处,约700m,方案二临时措施费相对较高。

(3)方案一的主塔模板、塔吊、挂篮等设备投入均少于方案二。

由此可见,相同桥梁长度的多塔斜拉桥较双塔斜拉桥结构受力复杂,动力特性差,施工难度大,工程造价两者相差不大。

5.3.3　比选结论

斜拉桥方案在抗冰凌、抗震性能、施工难度、景观方面都较大跨径预应力混凝土连续箱梁桥有优势,同时预应力混凝土连续箱梁桥方案存在水中桥墩较多、施工风险较大、后期存在下挠和开裂等养护问题、施工工期较长,因此,在斜拉桥方案与预应力混凝土连续箱梁桥方案中进行比选,选择斜拉桥方案。

对方案一和方案二两种不同跨径组合形式的斜拉桥方案进行比选,方案二主跨360m的三塔双塔双索面钢—混凝土组合梁斜拉桥,中间塔需特殊设计,国内成桥较少;世界上超过200m的多塔斜拉桥也仅10余座,可借鉴的成熟经验有限,而且因多塔多跨斜拉桥中间塔塔顶没有端锚索来有效限制其变位,结构整体刚度下降,对应缆索体系为不稳定体系。当多塔斜拉桥在单跨加载时,主塔两侧拉索产生不平衡拉力,而中间塔缺少有效水平约束,其不平衡力主要由塔身来承受,中间塔将承受更大弯矩,产生较大的塔顶位移,主梁挠度因此增大,已经是柔性结构的斜拉桥采用多塔多跨式,将使结构柔性进一步增大,从而造成变形过大。设计中为保证中塔刚度,需采用塔顶拉锚索的方式,但这种方式影响视觉效果,且在受力性能方面仍较方案一差。

经比选,上述三个桥型方案,均能满足黄河行洪、防凌及通航要求,而且技术成熟,安全可靠,工期有保障。桥型选择应从美观新颖、先进、经济、行车舒适、设计和施工技术成熟度、工期等方面综合考虑,经比选推荐采用方案一,即主跨565m的双塔双索面斜拉桥方案。

5.4 小结与思考

禹门口黄河公路大桥主桥最终选择双塔双索面钢—混凝土组合梁斜拉桥。实践证明,该桥型的选择在项目区域所处的特殊环境下是非常合适的。设计方案充分吸取了国内外已建桥梁的新理念、新材料、新工艺和先进经验成果,充分考虑了桥梁施工的可行性、结构的耐久性和维护的便利性。

第6章 主桥结构设计

6.1 设计依据

6.1.1 批复及相关文件

(1)陕西省渭南公路管理局《108国道禹门口黄河公路大桥及引道工程勘察设计招标文件》；

(2)设计单位《108国道禹门口黄河公路大桥及引道工程可行性研究报告》；

(3)陕西省发展和改革委员会《关于108国道禹门口黄河大桥工程可行性研究报告的批复》；

(4)设计单位与陕西省渭南公路管理局签订的工程勘察设计合同；

(5)陕西省交通运输厅与山西省交通运输厅签订的《关于108国道禹门口黄河大桥晋陕两省接线方案及有关问题的协议》；

(6)《黄河流域河道管理范围内建设项目审查同意书》(黄水政字〔2014〕10号)；

(7)黄河水利委员会黄河水利科学研究院《108国道禹门口黄河公路大桥防洪评价报告》；

(8)中华人民共和国《工程建设标准强制性条文》(公路工程部分);
(9)陕西省公路局《关于108国道禹门口黄河公路大桥及引道工程施工图设计的批复》;
(10)陕西省交通运输厅《关于108国道禹门口黄河公路大桥及引道工程初步设计的批复》;
(11)交通运输部部颁现行相关技术标准、规程、规范;
(12)陕西省交通运输厅、陕西省公路局的有关文件和指示精神;
(13)长安大学《108国道禹门口黄河公路大桥风洞试验》(2015年12月);
(14)设计单位《108国道禹门口黄河公路大桥及引道工程初步设计》;
(15)设计单位《108国道禹门口黄河公路大桥及引道工程地质勘察报告》(2015年12月)。

6.1.2 主要设计规范与标准

(1)《公路工程技术标准》(JTG B01—2014);
(2)《公路桥涵设计通用规范》(JTG D60—2015);
(3)《公路钢筋混凝土及预应力混凝土桥涵设计规范》(JTG D62—2004);
(4)《公路桥涵地基与基础设计规范》(JTG D63—2007);
(5)《公路斜拉桥设计细则》(JTG/T D65-01—2007);
(6)《公路工程抗震规范》(JTG B02—2013);
(7)《公路桥梁抗风设计规范》(JTG/T D60-01—2004);
(8)《公路钢结构桥梁设计规范》(JTG D64—2015);
(9)《公路钢混组合桥梁设计与施工规范》(JTG/T D64-01—2015);
(10)《钢—混凝土组合桥梁设计规范》(GB 50917—2013);
(11)《钢结构设计规范》(GB 50017—2003);
(12)《公路路线设计规范》(JTG D20—2006);
(13)《公路路基设计规范》(JTG D30—2004);
(14)《公路桥涵施工技术规范》(JTG/T F50—2011);
(15)《混凝土结构耐久性设计规范》(GB/T 50746—2008);
(16)《公路工程混凝土结构防腐技术规范》(JTG/T B07-01—2006);
(17)《公路桥梁钢结构防腐涂装技术条件》(JT/T 722—2008);
(18)《桥梁用结构钢》(GB/T 714—2015);
(19)《低合金高强度结构钢》(GB/T 1591—2008);
(20)《建筑抗震设计规范》(GB 50011—2010);
(21)《公路工程质量检验评定标准》(JTG F80/1—2004);
(22)《钢结构用抗剪型高强度螺栓连接副》(GB/T 3632—2008);
(23)《钢结构高强度螺栓连接的设计、施工及验收规程》(JGJ 82—1991);
(24)《铁路钢桥制造规范》(TB 10212—2009);
(25)《公路工程基本建设项目概算预算编制办法》(JTG B06—2007);
(26)《公路工程特殊结构桥梁项目设计文件编制办法》(交公路发〔2015〕69号)。

6.2 设计特点

1）结构抗风对策

(1) 在桥位处设置气象观测塔三座,利用 VT-1 相控阵多普勒雷达和 Gill 超声风速仪进行风观测及数据采集,分析西北方山体以及禹门口出山口形成的风场对桥梁稳定的影响;

(2) 在主梁风洞试验基础上,补充进行了桥塔气动弹性模型风洞试验和最大双悬臂气动弹性模型风洞试验,分析各阶段不利影响,提出对应设计措施;

(3) 设计中对大桥的抗风性能进行了计算分析,对风荷载将规范值与经验值比较,选择两者间较大的数值代入公式进行计算,计算结果满足规范要求;

(4) 对最大双悬臂状态有临时墩和无临时墩两种结构状态时,开展处于均匀流场及大气边界层紊流场中不同风攻角下的颤振稳定性、静风稳定性、涡激共振特性以及风振响应性能研究;

(5) 通过设置导流板+隔流板+稳定板+矩形风障,并采用黏性剪切阻尼器及磁流变阻尼器控制拉索振动,采用抗风支座来抵抗风对主梁的作用力,确保抗风安全性和行车舒适性。

针对大桥抗风设计详见本篇"第8章　复杂风环境全过程分析及设计"。

2）结构抗震对策

(1) 主桥桥型推荐选用抗震性能优异的半漂浮体系斜拉桥;

(2) 主梁设置黏滞流体阻尼器,引桥采用超高阻尼隔震橡胶支座,通过理论计算分析,大桥抗震能够满足规范要求;

(3) 设计阶段开展抗震专项研究。

3）防冰凌、防洪对策

(1) 主桥桥型尽量选用较大跨径的桥梁,以增大有效行凌、行洪宽度;

(2) 建立高含沙洪水冲刷和冰凌冲击模型,采取增设钢护筒防护、主塔防护涂层等,解决冰凌撞击、泥沙磨蚀等问题;

(3) 下部(主墩或主塔)设置一定高度的破冰凌体,抵抗冰凌对桥墩、塔身的挤压和撞击;

(4) 计算中充分考虑冰凌对桥墩结构的挤压和冲击,提高安全储备,保证结构可靠性;

(5) 施工中减少栈桥搭设长度,同时施工期间在凌期和汛期加强临时措施的防护。

4）复杂水文、地质对策

(1) 推荐主跨565m的双塔斜拉桥桥型方案,较少的水中桥墩基础数量能够更好地适应桥址区实际地形地貌、通航、水文等实际条件;

(2) 依据不同频率洪峰流量,采用防评计算+水文物理模型试验+数字模型等多举措分析,针对最大冲刷深度达29.79m等不利因素,对桩基设置、承台埋深、栈桥架设等进行适应性设计;

(3) 设计阶段对桥址区的地层岩性,特别是液化土层进行重点勘察。

针对大桥复杂水环境的分析及设计详见本篇"第9章　复杂水环境适应性分析及设计"。

5) 景观对策

进行专项设计,采用"元素造型法",从地域文化中抽取具有当地代表性的造型元素,用于桥梁造型的塑造中,获取与当地文化相呼应的桥梁方案。

针对大桥景观设计详见本篇"第 6.7 节　耐久性设计"。

6) 跨铁路对策

加强对跨铁路桥型的研究,增加备选方案,尽量避免主桥跨越铁路。

针对跨铁路西引桥设计详见本篇"第 10 章　西引桥—墩双 T 转体设计"。

7) 其他协调对策

(1) 测设期间积极与各省级交通运输主管部门联系,认真调查落实两省省界范围,并签署接线协议;

(2) 禹门口黄河公路大桥需与山西省境内 108 国道改造工程引线公路对接,测设期间已就对接道路的相关技术标准和位置与山西省交通运输主管部门进行了沟通,努力处理好本项目与山西省境内 108 国道引线公路的衔接方案,保证大桥平纵面设计指标与山西岸实现顺接;

(3) 韩城岸分布有洗煤厂等企业,测设期间对沿线企业进行详细调查,协助建设单位做好房屋建筑的调查、评估工作,最大限度减少占地,节省投资。

6.3　设计指导思想

禹门口黄河公路大桥及引道工程在设计中突出"以人为本",强调"安全、经济、耐久、畅通、环保、美观"。结合桥梁所处的地形、地质、水文、施工特点和使用要求等因素,遵循"技术可行,经济合理"的思想,体现"运用成熟先进技术,推动行业技术进步"的设计理念。

鉴于本项目位于陕西、山西两省交界处,跨越黄河小北干流(禹门口至潼关)上段,具有重要的战略地位。大桥所处河道属于强烈堆积的游荡性河道,且地质条件复杂、建设条件特殊、工程规模较大、有一定技术难度,因此,在充分理解项目特点的基础上,根据本项目在路网中的功能及其技术特点,结合沿线已建大型构造物的分布情况,合理选用技术标准,进行灵活设计和创作设计。总体设计遵循以下原则:

(1) 设计方案应符合路网规划的要求,以保障功能和安全为前提,控制建设规模;严格执行"技术先进、安全可靠、耐久适用、经济合理、美观协调、环境保护"的设计原则;

(2) 本项目是黄河上又一座重大工程,设计方案应充分吸取国内外已建桥梁的新理念、新材料、新工艺和先进经验成果;桥梁所采用的结构形式和材料,需充分考虑桥梁施工的可行性、结构的耐久性和维护的便利性;

(3) 应充分考虑工程的可行性、可操作性和社会经济效益等因素,因地制宜,结合本工程范围内的地形、地物、河道、航道和工程地质条件,合理布置桥梁方案;

(4) 本项目所有设计遵循规范高限选择,指标合理,安全度高;另外,能够采用标准化施工的构件一律选择标准化设计;

(5) 应充分重视桥梁景观设计,力求造型简洁、美观,总体上与周围建筑、环境协调,以体现区域人文历史特色;

(6)路线及大桥布置应充分考虑区域路网整体布局和功能,以"快捷、互通、流畅"为目标,在满足交通功能的前提下,秉持"低碳、节能、和谐"的设计理念,尽可能缩短路线的绕行距离,减少建设规模和征地拆迁量,尽量避开重要矿产资源、大型企业和居民集中区以及其他重要控制因素,符合建设资源节约型和环境友好型社会的要求。

6.4 总体设计

6.4.1 主要技术标准

(1)公路等级:一级公路;
(2)设计速度:80km/h;
(3)汽车荷载等级:公路-Ⅰ级;
(4)桥梁结构设计基准期:100年;
(5)设计安全等级:一级;
(6)设计服务水平:二级;
(7)设计洪水频率:特大桥300年一遇;
(8)耐久性设计环境类别:Ⅰ类;
(9)桥梁宽度:主梁全宽30.25m(含布索区),全断面包括两侧各1.625m拉索布索区;其中桥面不含布索区宽度为27m,具体组成为0.5m(外侧护栏)+12.75m(行车道)+0.5m(中分带护栏)+12.75m(行车道)+0.5m(外侧护栏);
(10)抗震设计标准:地震动峰值加速度0.161g,地震基本烈度为Ⅶ度,桥梁抗震设防类别A类,桥梁抗震措施设防烈度为Ⅷ度;
(11)抗风设计标准:基本风速V_{10}=31.0m/s(重现期100年),施工重现期10年;
(12)通航标准:采用Ⅳ(3)级航道标准;
(13)坡度:最大纵坡3.497%,桥面横坡双向2%;
(14)坐标及高程系统:平面坐标采用北京坐标系统;高程采用1985国家高程基准。其他指标均按《公路工程技术标准》(JTG B01—2014)执行。

6.4.2 平面线形设计

平面线形设计主要从以下方面重点考虑,使得工程方案最为合理:
(1)路线方案选择服从黄河大桥桥位;
(2)合理运用路线平、纵技术指标,要注意平、纵线形配合,力求路线平面顺适,纵坡均衡,横向合理,视觉良好;
(3)充分利用既有道路,以减小占地规模、拆迁及工程规模;
(4)重视交叉工程、收费站等构造物的合理布设,充分发挥的功能效益;
(5)尽可能适应城镇、路网、水利设施等的规划要求,尽量少占良田,减少拆迁,远离环境敏感区。

全线平曲线半径分布在 420~1500m 之间,平面总体指标均衡,按照《公路工程技术标准》(JTG B01—2014)要求都设有缓和曲线,最小缓和曲线长度 100m。全线平曲线最小半径 420m,共 1 处;最大半径 1500m,共 1 处;曲线间最小直线长度 202.260m。曲线长度 2.5819km,平曲线长度占路线总长的 58%。

禹门口黄河公路大桥及引道工程,起讫桩号为 K0+590—K5+040,路线全长 4.45km。大桥主桥位于晋陕峡谷出口约 420m、韩城与河津的分界处,跨越黄河河道。主桥中心桩号为 K1+557.5。全桥分东引桥,主桥及西引桥三部分,起点桩号为 K0+615.5,终点桩号为 K2+275.9。桩号 K0+625.36—K2+255.84 范围内平面位于直线上,K2+255.84—K2+435.84 平面位于 Ls-180 的左偏缓和曲线上。

6.4.3 纵断面设计

纵断面线形设计的基本思路是:尽量使路线在顺应自然地形的起伏、满足铁路净空要求的同时降低高度,优化设计方案。因此,在设计时要做到:

(1)根据旧路高程尽量利用旧路改扩建;

(2)在满足铁路净空的前提下尽量控制路基填土高度,降低挡墙高度;

(3)变坡点位置及高程、坡率和坡长在满足平纵组合的情况下优化组合,竖曲线半径尽量采用较大值,满足视距要求半径。

连接线最大纵坡 3.497%(1 处),最小纵坡 0.3%(2 处),最小坡长为 302.5m。7 处竖曲线中 4 个为凸形,最小半径 8000m;3 个为凹形,最小半径 10000m。竖曲线最小长度 158.39m。

禹门口黄河公路大桥主桥主跨纵面位于 $R=24537.36$m,两侧纵坡为 0.5% 的对称竖曲线上,其中山西河津岸边跨及引桥纵坡采用 $i=3.497\%$,陕西韩城岸边跨及引桥纵坡采用 $i=-0.5\%$。主桥平面及纵断面布置如图 6-1 所示。

6.4.4 横断面设计

根据《公路工程技术标准》(JTG B01—2014)及本项目工可报告,本项目主线全线六车道一级公路标准,设计速度 80km/h。

路基宽度 31.0m,其中行车道宽 $2\times3\times3.75$m,硬路肩宽 2×2.5m,土路肩宽 2×0.75m,中央分隔带宽 1.0m,中分带采取通铺式,仅采用防撞护栏进行分割对向行车,左侧路缘带宽 2×0.50m。

6.4.5 桥梁跨径及横断面布置

全桥共分四联,桥梁跨径布置为 $2\times(3\times40)$m + (4×42.5)m + $(245+565+245)$m + $(50.95+85+50.95)$m,桥梁全长 1660.4m,主、引桥具体布置如下。

(1)主桥布置:$(245+565+245)$m,主桥桥长 1055m,为三跨双塔双索面钢—混凝土组合梁斜拉桥。主桥桥跨布置示意如图 6-2 所示。

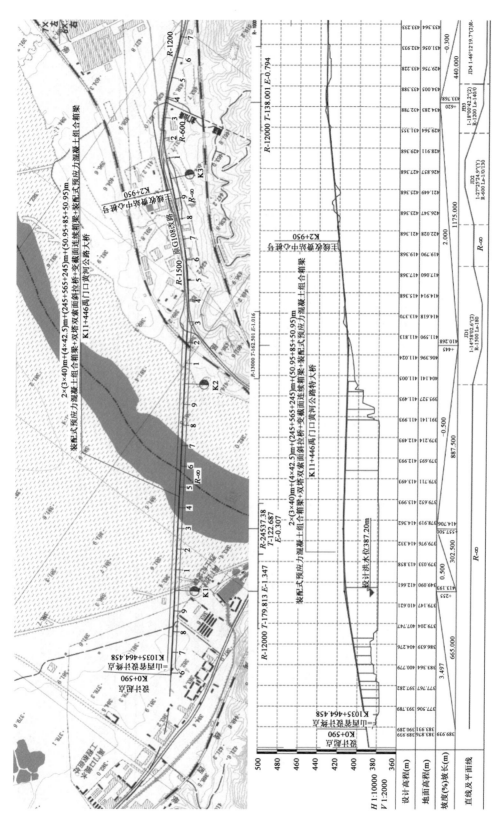

图6-1 主桥平面及纵断面布置示意图

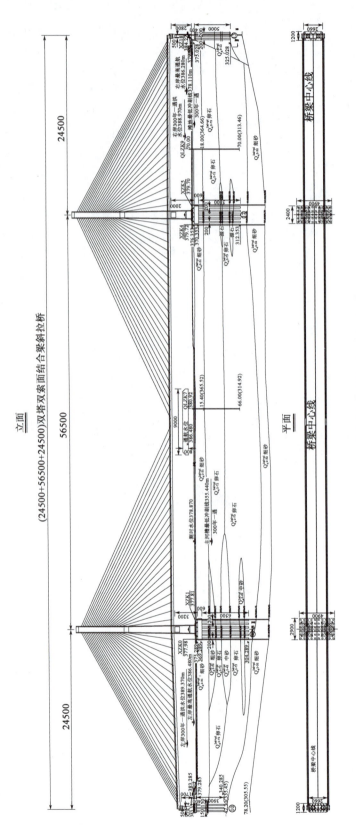

图6-2 主桥桥跨布置示意图（尺寸单位：mm）

(2)起点侧(山西岸)引桥布置:2×(3×40)m+(4×42.5)m,共三联,均为装配式预应力混凝土组合箱梁桥。

(3)终点侧(陕西岸)引桥布置:(50.95+85+50.95)m,为预应力混凝土转体变截面连续箱梁桥。

主桥主梁采用双工字形钢主梁与混凝土板共同受力的结合梁,斜拉索呈扇形布置,梁上索距为12m、8m、4.5m共三种,塔上索距为2.5~3.5m。

桥梁宽度:27m(不含布索区),主梁断面全宽30.25m(含布索区),宽度组成为1.625m(斜拉索布索区)+0.5m(外侧护栏)+12.75m(行车道)+0.5m(中分带护栏)+12.75m(行车道)+0.5m(外侧护栏)+1.625m(斜拉索布索区)。

主桥采用半漂浮结构支承体系。在索塔处设置竖向支座、横向抗风支座,过渡墩处设置竖向支座。在索塔处布置纵向阻尼装置,防止在地震和阵风等作用下发生过大的水平位移。

6.5 无辅助墩设计

受河道相关规定限制,经充分论证,禹门口黄河公路大桥主桥不具备设置辅助墩的条件。本项目为大跨径组合梁斜拉桥,主梁、索塔、拉索内力较大,同时边跨挠度较大,而边跨未设置辅助墩,会对结构的静力和动力特性产生显著影响,必须通过结构计算分析优化结构设计。为确保大桥安全、耐久,必须对主梁、主塔、拉索等构件采取提高刚度的技术措施,使之满足结构受力要求。

鉴于大桥结构受力复杂性,设计过程中开展了大量的结构仿真分析计算工作,同时配套科研开展了大跨径组合梁斜拉桥无辅助墩状态下参数敏感性分析,研究了由此而引起的结构控制部位的位移以及内力变化幅度的大小,从而确定结构控制部位对相关参数的反应程度。具体研究内容详见本丛书第四篇创新篇。

6.5.1 无辅助墩设计要点

经分析研究,大跨径无辅助墩斜拉桥最可能发生的位移失效就是跨中挠度超限。另外,除了位移控制之外,还有应力控制。构件应力大小影响着其是否发生失效。禹门口黄河公路大桥的汽车荷载和人群荷载施加在桥面板上,由锚固点传到斜拉索上,之后传到主塔,最后由基础承受。其中,主梁由于拉索的张拉作用,其承受的弯矩和剪力很小;斜拉索承受活载和主梁的重量,相对容易发生破坏,需要进行分析;主塔主要承受拉索传递的竖向分力,同时承受少量不平衡力引起的弯矩,为压弯构件,在主塔截面的最不利位置,有可能发生破坏。根据计算分析结论,对无辅助墩情况下的材料设计、结构设计要点如下。

1)材料设计

(1)斜拉索选用技术成熟、抗疲劳性能优异且强度高的材料。

(2)与设置辅助墩的斜拉桥相比,无辅助墩的情况拉索需要相应提高型号,即增加拉索根数,以提高拉索刚度。经测算,拉索总量增加约50%。

(3)钢主梁钢材选用较高的强度,重量增加约20%。

(4)选用高强度等级混凝土。
2)结构设计
(1)主塔构造尺寸相应增加,其中桥塔纵向尺寸增加约20%,横向尺寸增加约10%,塔壁厚度增加约20%。
(2)主梁边跨根据需要配重,在边跨和中跨跨中位置桥面板内分别配置预应力。
(3)钢主梁在边跨四分点和跨中等部位板厚相应增加,分别加厚至4cm、5cm,个别位置板厚增加至6cm。
(4)锚拉板主要钢材厚度增加约10%。
(5)边跨梁端混凝土局部加厚。
(6)下部结构桩基数量增加约15%。
(7)施工期设置临时墩。

6.5.2 参数敏感性分析方法

参数敏感性分析的实施关键有两点:
(1)参数变化幅度的确定。不同桥型、施工方法,应通过具体分析来确定参数变化幅度。
(2)控制目标的选取。具体情况具体分析,斜拉桥主要关注主梁挠度、主塔偏位、索力变化等控制目标。

通过设计参数的敏感性分析,确定主要设计参数,在桥梁施工控制中,着重考虑对主要设计参数的修正。利用结构分析软件修改设计参数,将参数变化幅度控制在 −10% ~10% 范围内,选定控制目标,计算施工状态、成桥状态控制目标变化幅度,进而确定主要设计参数和次要设计参数。

参数敏感性分析是根据几何控制法的计算理论,以基准状态得出的主梁无应力线形和斜拉索无应力索长为计算初始值,来考察衡量在这种情况下参数变化对塔、梁、索的内力和变形等结构行为的影响。

结构参数的敏感性分析流程如下:
(1)参数变化范围控制在一定范围内。
(2)选定控制目标,如结构跨中挠度,利用结构分析软件修改设计参数值,计算成桥状态跨中挠度变化幅度,并建立各参数敏感性方程。
(3)根据影响程度确定主要设计参数和次要设计参数。

6.5.3 分析参数与控制目标

本项目选定的分析参数主要包括主塔刚度、主梁重量、主梁刚度、拉索刚度和施工临时荷载。控制目标为决定斜拉桥内力与变形状态的典型参数,包括主梁位移、主塔偏位、主梁应力和拉索索力。

主塔为斜拉桥受力的关键构件,考虑到主塔刚度受构件尺寸、材料选用、施工质量、养护条件等多种因素影响,存在变异的可能性较大,因此,选取主塔刚度的变化幅值为 −10% ~10%。对于主梁刚度与重量,考虑到其采用加工厂预制、悬臂拼装的施工工艺,重量相对易于控制,因此,选定其变化幅值较小,为 −6% ~6%。同理,斜拉索为工厂加工,材料和重量变异可能较小,其刚度变化幅值也选定为 -6%~6%。施工临时荷载大小的确定有赖于悬拼机械器具、材料堆放等现场具体情况,暂时未确定其变化幅值。最后要确定的事项包括:

(1)对主梁线形,即竖向位移影响的顺序(主梁线形敏感程度由大到小);
(2)对主梁上下缘应力影响的顺序(主梁应力敏感程度由大到小);
(3)对塔偏影响的顺序(主塔偏位敏感程度由大到小);
(4)对索力影响的顺序(拉索内力敏感程度由大到小)。

为了确定对桥梁施工结构行为影响较大的设计参数,通过对相关设计参数在满足规范要求下的条件下进行调整的手法,对此斜拉桥进行桥梁参数敏感性分析,排定的参数敏感性顺序如下。

(1)塔偏敏感性顺序:主梁重量、拉索刚度、主梁刚度、主塔刚度;
(2)位移敏感性顺序:主梁重量、拉索刚度、主塔刚度、主梁刚度;
(3)主梁应力敏感性顺序:主梁刚度、主梁重量、拉索刚度、主塔刚度;
(4)索力敏感性顺序:主梁重量、拉索刚度、主梁刚度、主塔刚度。

通过上述初步分析,可以得出主梁重量、拉索刚度是该桥结构的主要控制参数;主塔刚度、主梁刚度是次要控制参数。

本项目依托科研,对大跨径斜拉桥(有临时墩时)的结构受力进行分析对比,过程中开展了优化设计等工作。

6.6 构造设计

6.6.1 主梁构造设计

1)主梁形式选择

斜拉桥主梁是斜拉桥设计的关键部位,综合地形、地质、景观以及国内外同等规模桥梁的建设经验,考虑到本桥方案一主跨跨径为565m,主跨主梁可考虑选用钢梁、钢—混凝土组合梁。通过对国内外各斜拉桥选用的主梁情况进行分析,认为钢—混凝土组合梁同钢梁相比,重量适中、兼有钢结构和混凝土结构的优点,具有良好的抗风性能、能够防止钢梁局部失稳、节约钢材等优点,施工可行(桥位处钢梁可散件吊装、运输、安装),预制桥面板质量容易控制,平整度好,具有良好的桥面铺装性能,后期养护费用低,经济性好。主梁类型适用性比较见表6-1。

斜拉桥各类主梁的适用性　　　表6-1

主梁类型	钢箱梁	钢—混凝土组合梁
断面形式		
受力特点	受力明确,抗风性能略差,桥面铺装性能一般	钢主梁与预应力混凝土结合共同受力,发挥各自材料特性优点。采用混凝土桥面,桥面铺装性能好

续上表

主梁类型	钢箱梁	钢—混凝土组合梁
主梁自重	2.5~4kN/m²	6.5~9kN/m²
运输安装	大节段施工,需要船运等设备,吊装水平要求高	对施工条件要求不高,可散件拼装施工
优点	跨越能力大,构件可以在工厂制作,质量可靠,施工速度快	具有钢主梁的优点,能节省钢材用量且刚度及抗风稳定性均优于钢梁。施工速度快,工艺成熟
缺点	钢材需求量较大,造价较高,对安装运输要求高	预制混凝土桥面板与钢主梁连接工艺较复杂
经济跨径	600~1000m	350~600m
造价(亿元)	3.418	2.626
结论	推荐采用钢—混凝土组合梁方案	

综合上述类型特点,本项目斜拉桥桥型方案主梁推荐采用钢—混凝土组合梁形式。

2)主梁设计

采用双"工"字形钢主梁结合桥面板整体断面,钢主梁横向中心间距为28.0m,主梁全宽30.25m(含布索区),梁高由"工"字形主梁处2.8m变化到路线中心线处3.07m,端部10.11m区段范围内由2.8m加高到3.5m,高度变化过渡区长3m。主梁标准横断面如图6-3所示。

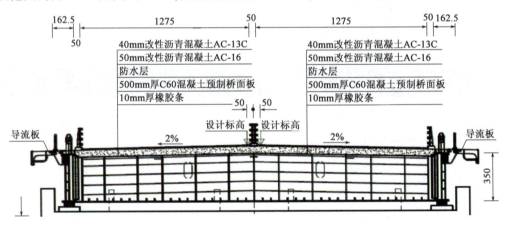

图6-3 主梁标准横断面(尺寸单位:mm)

主梁、横梁、小纵梁通过高强度螺栓连接形成钢梁段,架设预制桥面板,现浇混凝土湿接缝,通过焊接于钢梁顶面的抗剪栓钉组成结合梁体系。斜拉索梁上采用锚拉板锚固。

本桥桥址区风力较大,因此,大桥在施工和运营期间的抗风稳定性是设计关注的重点问题。禹门口黄河公路大桥主桥委托长安大学进行主桥抗风性能研究,对大桥在施工阶段和运营阶段的风致振动进行全面的分析研究。结果表明:结构在施工阶段和运营阶段的颤振临界风速远大于颤振检验风速,在常遇低风速下不会发生明显的涡激共振,本设计选用的主梁断面是合理的。

(1)边主梁。

本桥顺桥向梁段以中跨中心线对称划分。根据构造及施工架设的需要,全桥钢梁划分为A、B、B'、C、D、E、E'、F、G、H、I、J共12种类型梁段,分索塔区梁段、标准段、中跨合龙段、边跨端部梁段,共178个梁段。索塔区为A、B、B'三类梁段,均在支架上拼装,梁段C、D采用起重机拼装,I 为中跨合龙段,G、H 为边跨端部梁段。标准梁段长度为 12.0m。

边主梁采用"工"字形截面,上、下翼缘均水平设置,腹板采用直腹板。主梁上翼缘顶缘距下翼缘底缘为 2.8~3.5m。

边主梁上、下翼缘板的宽度均为 1000mm,边支座区段局部加宽为 1230mm。上翼缘板在不同区段采用 40mm、50mm 两种不同厚度的钢板,下翼缘板在不同区段采用 65mm、80mm 两种不同厚度的钢板。

边主梁腹板厚度统一采用 40mm,设置三道 260mm×22mm 板式纵向加劲肋。与横梁位置对应,腹板内侧标准节段每隔 4.0m 设置一道竖向加劲肋。

钢梁现场采用 10.9S 级高强度螺栓连接。承包商应结合梁段划分并考虑主梁纵坡,根据施工控制单位提供的制造线形,调整梁段长度及上、下翼缘缝宽实现成桥线形。

工字形钢主梁为主要受力构件,采用焊接结构,并应采用焊缝金属量少、焊后变形小的坡口形式。要求对焊缝表面进行处理,以减少应力集中。腹板与上、下翼缘板的连接焊缝均应按设计要求熔透,并对焊缝表面进行处理。

(2)钢横梁。

横梁采用"工"字形截面。横梁与主梁顶底板均保持垂直,标准间距为 4.0m。横梁上翼缘板除 HL8 为 2000mm 外,其余宽度均为 700mm,横梁下翼缘板 HL0、HL1、HL2、HL3 宽度为 700mm,HL4 宽度为 2850mm,HL5 宽度为 4500mm,HL6 宽度为 5000mm,HL7 宽度为 3860mm,HL8 宽度为 2000mm,其中上翼缘板厚度为 28mm、32mm,下翼缘板厚度为 32mm、40mm 两种,腹板厚度为 16mm、20mm、24mm 三种,在横梁腹板设一道水平加劲肋和若干道竖向加劲肋。

横梁腹板水平加劲肋和竖向加劲肋在横梁腹板两侧成对布置。横梁上翼缘、腹板及下翼缘与主梁通过高强螺栓拼接。

根据主梁压重方式的不同,在采用压重纵梁区段内横梁 HL2、HL3 板件厚度加厚,其中腹板厚度加厚至 20mm,上翼缘板厚度加厚至 32mm,下翼缘板厚度加厚至 40mm;在采用压重混凝土压重区段内,除端部横梁 HL4、HL5、HL6、HL7、HL8 腹板厚度加厚至 24mm 外,其他横梁板件厚度与标准横梁保持不变,通过下翼缘板及其上的纵隔板将该区段封闭为槽型以浇筑压重混凝土进行压重。横梁 HL4~HL8 区段内下翼缘板、纵隔板上设有加劲肋,下翼缘板采用全熔透焊接,其他部分采用高强螺栓连接。

为方便施工过程中的运输,对 HL1、HL2、HL3 横梁采用分段栓接的方式。

(3)小纵梁。

为方便混凝土桥面板纵向现浇缝的浇筑及控制预制桥面板的尺寸,主梁共设置三道小纵梁。其中,在桥梁中心线处设置一道小纵梁,在两侧距桥梁中心线 7.2m 处各设置一道小纵梁,小纵梁高度为 500mm,小纵梁上、下翼缘板宽为 500mm,厚度为 20mm,腹板厚度为 12mm,小纵梁与横梁之间通过 M24 高强螺栓连接。其中,桥梁中心线处小纵梁与混凝土之间设置剪力钉,其顶面与预制混凝土桥面板搭接部分敷设 5cm 宽、1cm 厚的橡胶垫层,以防止吊装混凝土桥面板时对小纵梁的冲击损坏。

(4)锚拉板。

斜拉索与主梁之间采用锚拉板式锚固方式,锚拉板结构主要由锚拉板、4 块加劲肋、索导管及锚座支承板等板件组成。

锚拉板锚固方式具有受力明确、节省钢材、施工方便等特点。锚拉板直接焊接在工字形主梁的上翼缘板上,主梁上翼缘板厚度方向承受拉应力,主梁上翼缘板钢材的 Z 向性能和焊接的热影响区域是钢结构最为薄弱的环节,因此,对钢材材质和焊接施工质量的控制是钢结构制造的重中之重。

斜拉索的下锚点主要由锚拉板和无缝钢管组成,斜拉索锚头直接支承在无缝钢管的管壁上,无缝钢管与锚拉板之间采用焊接连接,锚拉板直接焊接在工字形主梁的上翼缘板上。

拉索锚拉板与工字形钢主梁上翼缘板焊成一体,该处受力复杂,且为斜拉桥的承载关键部位,要求各焊缝均按设计要求进行,并确保质量。建议按工厂批量生产的条件制作1∶1节段模型,进行静载和疲劳试验,以验证结构的可靠性。

锚拉板与主梁上翼缘板、索导管之间,压重区域的横梁上、下翼缘板与腹板之间,均采用与主梁相同的全熔透焊接方式。

锚拉板板厚根据不同的拉索型号分为60mm、50mm、40mm 三种类型,其材料性能指标均须符合《桥梁用结构钢》(GB/T 714—2015)的有关规定。

(5)导流板。

导流板与主梁同时加工、架设,导流板采用8mm厚的钢板加劲。导流板及检修道部分宽2.5m,检修道板板厚10mm,采用T形加劲肋,肋高150mm、厚10mm;导流板部分的板厚为10mm,采用扁钢加劲肋,肋高110mm、厚10mm、间距400mm。横隔板板厚10mm。

导流板与工字梁间采用高强螺栓连接。

(6)桥面板。

全桥预制混凝土桥面板共有1036块。各类型混凝土桥面板之间的区别主要在于预应力管道和预应力齿块之间的差别。为减少收缩徐变影响,先预制混凝土桥面板,存放期不少于180d,同时,现浇桥面湿接缝采用C60微膨胀混凝土进行现浇。

以主梁中心线对称横向布置四块预制板。桥面板厚度为28cm,端部加厚至50cm,最大吊装质量为34t,采用C60混凝土预制。

预制混凝土桥面板支承在工字形钢主梁、横梁及桥梁中心线处小纵梁上,支承宽度为5cm。在支承宽度范围内敷设5cm宽、1cm厚的橡胶垫层,以防止吊装混凝土桥面板时的冲击损坏。

在两边跨148.3m、中跨231.4m预制混凝土桥面板范围内设置7ϕ^s15.2预应力钢绞线,采用SBG-70型塑料波纹管,真空辅助压浆,双端张拉,锚下张拉控制应力为1395MPa,张拉质量为135.7t。预应力钢束采用预应力与伸长量双控,伸长量误差控制在±6%以内。

(7)剪力钉。

混凝土桥面板与工字形钢主梁、小纵梁、横梁间采用剪力钉连接。在工字边主梁、横梁上翼缘顶面与混凝土间设有 φ22mm 高度为180mm 的 ML15AL 电弧螺柱焊用圆柱头焊钉,符合《电弧螺柱焊用圆柱头焊钉》(GB/T 10433—2002)的要求。剪力钉必须用电弧螺柱焊用圆柱头焊钉专用设备焊接,全桥上的剪力钉在工厂内焊接完成,根据施工的具体条件允许横梁上的部分剪力钉采用现场焊接,但其焊接的质量和检验标准不得降低。

(8)工地连接及吊装临时构造。

钢梁工地连接均采用高强螺栓连接方式,以快速形成结构体系,有效减小施工风险。

主梁、横梁及小纵梁临时吊点的位置、吊耳及局部临时加劲等设计由施工单位根据施工方案完成,并报监理工程师批准后实施。

(9)压重构造。

为保证在正常运营状态下,过渡墩处的支座不出现负反力,在过渡墩附近区域设置压重。压重采用铁砂混凝土和用铁砂混凝土制作的混凝土预制块两种方法,总重以施工时的监控指令为准。铁矿砂混凝土重度要求达到$35kN/m^3$。灌注铁砂混凝土于端部封闭箱体内。

全桥压重分布在边跨 B17~B20 梁段区域,具体施工顺序如下:

参照主桥施工流程图顺序,按标准安装流程对称吊装、安装主梁至第 B17、Z17 号斜拉索第一次张拉完毕后,边跨起重机处相应配重,此时完成边跨合龙。边跨永久压重范围如下。

混凝土预制块压重范围为 16m,压重梁段为 B17 部分梁段(长度为 6m)、B18 梁段(长度为 10m),压重重量为 100kN/m;现浇铁砂混凝土总压重长度为 21.86m,其中 18m 范围内压重重量为 500kN/m,压重梁段为 B18 梁段(长度为 2.25m)、B19 梁段(长度为 9m)、B20 梁段(长度为 6.75m),2.51m 范围内压重重量为 900kN/m 以及 1.35m 范围内压重重量为 1300kN/m,两处压重梁段均为 B20 梁段(长度为 3.86m)。

预制梁安装遵循逐段、对称安放的原则。

灌注铁砂混凝土时,横桥向应均匀浇筑。

6.6.2 斜拉索构造设计

1)斜拉索体系选择

斜拉索常用钢绞线斜拉索和平行钢丝斜拉索,两者的对比见表 6-2。从长期经济性以及维护保养、运输和安装便利等方面综合比较,推荐采用钢绞线斜拉索。

钢绞线斜拉索和平行钢丝斜拉索的对比 表 6-2

项目	规 格	
	钢绞线斜拉索	平行钢丝斜拉索
强度	1860MPa	1860MPa
刚度	抗挠曲性能钢绞线优于平行钢丝斜拉索	
技术成熟度	我国于 20 世纪末开始采用钢绞线拉索体系,但发展比较快,现在技术非常成熟,市场占有率已经增加至 55%	现在采用平行钢丝斜拉索的只有三个国家:日本、韩国、中国,而且这三个国家都是两种拉索体系并行。虽技术成熟,但市场占有率下降至 45%
振动效应	外径较大,静风荷载引起的阻力稍大,索股受力均匀度略差,单根钢绞线独立,固有平率不同,可抑制拉索的振动,因而风致振动效应不明显。PE 外套压制成螺旋线或凹坑,抑制风雨振	外径较小,静风荷载引起的阻力稍小,钢丝受力均匀,整体性好,固有平率固定,风致振动效应明显。PE 外套压制成螺旋线或凹坑,抑制风雨振
施工安装	可逐根安装和张拉,每个运输、安装和张拉的单位较小,采用轻型设备即可完成	整根一次安装和张拉,但运输、安装和张拉需大型设备才能完成,施工难度大
抗疲劳性能	应力幅值可达 250MPa,疲劳次数为 2×10^6 次	应力幅值可达 200MPa,疲劳次数为 2×10^6 次
运输	锚具、索体分散出厂,现场装配成索,陆海运不受限制。钢绞线盘径为 1.7m,基本固定	成品索出厂,海运不受限制,陆运受限制。陆运时,索体成盘外径不能大于 4.5m

续上表

项目	规格	
	钢绞线斜拉索	平行钢丝斜拉索
防腐性能	钢绞线四层防腐：整体防腐+独立防腐的设计理念，外层是整体防腐，里面三层是独立防腐，钢绞线表面涂层+灌注油脂+钢绞线外包单层PE+整索外包双层大HDPE护套管防护，具有优良的防腐性能。PE外护套在无应力状态下使用，不容易开裂，使用寿命长。未有换索的先例	平行钢丝只有一层防腐：只有外壳这层整体防腐，里面的镀锌层非常薄，是短时间的临时防腐。外层PE护套存在拉应力，容易造成开裂，缩短使用寿命。国外厂商承诺使用寿命25年，从国内实际使用情况来看很难达到，国外国内已有多个换索的工程案例
维护保养及换索	无黏结钢绞线可单根抽换，便于对其内部进行检查，出现部分腐蚀现象可单独处理。从对桥梁结构的影响来看，理论上无须封闭交通。维护及换索成本低	无法进行内部检查，出现钢丝腐蚀只能整束更换，因为拉索中的钢丝腐蚀情况和锚头内不容易检查到。从对桥梁结构的影响来看，一般需封闭交通。维护及换索成本高
使用寿命	防腐层数多可靠，便于维护保养，使用寿命较长	由于防腐层数少，维护保养相对较难
比较意见	考虑到钢绞线拉索体系使用寿命长，便于维护保养，运输和安装便利，关键是长期经济性非常高，推荐采用钢绞线斜拉索	

从材料造价方面看，钢绞线拉索由于防腐层多，相对于钢丝拉索造价略高，大约高出10%；从施工、运输等方面考虑，钢绞线拉索成本则略低于钢丝拉索4%左右，所以综合单价钢绞线拉索高于钢丝拉索约6%。

如果考虑后期养护和运行年限，以50年为期限，钢丝拉索需要换索至少一次，钢绞线拉索则无须换索，综合比较，钢绞线拉索的成本低于钢丝拉索。钢丝拉索和钢绞线拉索截面示意如图6-4所示。

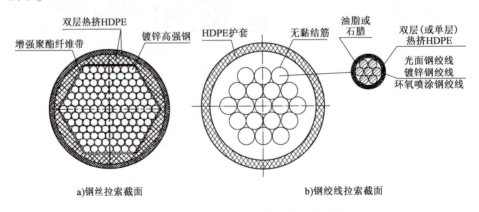

图6-4 钢丝拉索和钢绞线拉索截面示意图

2）斜拉索设计

（1）斜拉索型号。

采用环氧涂层钢绞线，钢绞线公称直径15.2mm，抗拉强度标准值$f_{pk}=1860$MPa，钢绞线性能不低于《单丝涂覆环氧涂层预应力钢绞线》（GB/T 25823—2010）的规定。本项目拉索型号包括250-37、250-43、250-55、250-61、250-73、250-85、250-91共7种，锚具184套。

(2) 斜拉索锚固方式。

斜拉索在主梁上采用锚拉板构造锚固，在索塔上采用钢锚梁构造锚固，张拉端均设在塔端。

(3) 斜拉索技术要求。

成品索除应按《斜拉桥钢绞线拉索技术条件》(GB/T 30826—2014)的要求进行外观、长度、超张拉、弹性模量、静载性能等检测外，其动载性能应满足：在最大索力为 $0.45\sigma_b$ 状态下(相当于安全系数 $K=2.2$)，动载应力幅为 200~250MPa 时，能承受 200 万次疲劳应力循环；斜拉索保护层不应有明显损伤，锚具无明显损坏，锚杯与螺母旋合正常。

斜拉索应有优良可靠的防腐体系，以保证斜拉索具有较长的使用寿命。

(4) 斜拉索减振措施。

将拉索振动的幅度控制在可接受的范围内，从满足拉索的二次弯曲强度、疲劳强度和使用的视觉三个方面考虑，本桥拉索振动的允许幅值控制在其长度的 1/1700 以内。

所有斜拉索两端在斜拉索套筒内均设置内置减振橡胶块，内置减振橡胶块的技术要求如下：在 -20~60℃ 范围内正常使用；橡胶的抗拉强度大于 10MPa，橡胶材料损耗因子 $\beta>1.3$。斜拉索表面设置防风雨振双螺旋线，供应商必须提供试验数据证明产品的有效性，并要确保斜拉索在设计风速下的风阻系数 $C_d \leq 0.8$。

除靠近索塔的 3 对拉索不设置外置阻尼装置外，其余梁端均安装外置阻尼器减振装置，阻尼器采用外置式永磁调节式磁流变阻尼器，安装在索梁锚固梁端，靠近梁端锚固处附近的适当位置，预埋构件由施工单位提供、制作并预埋。要求阻尼器能够提供斜拉索至少 3% 的附加阻尼，承包商应在制造厂家和成桥状态进行测量，以证实其产品能够达到上述目标。阻尼器应具备一定强度和抗疲劳性能，使用寿命不少于 25 年，可更换并便于检查。

阻尼器的行程应满足拉索 3Hz 以下的振型，且最大振幅为索长 ±1/1700 的要求；阻尼器应具有稳定的阻尼特性，并易于调节，以适应不同振型的最优阻尼要求；阻尼器本身及连接件应有足够的强度，要求能承受 50kN 的拉压荷载作用；连接支架要有足够的刚度以保证阻尼器正常工作。在最大阻尼反力作用下，支架变形要求不得超过 0.5mm；阻尼器的连接部位要具有较高的加工精度，连接件之间配合紧密，不得松动，以免影响减振效果。连接方式的设计要易于调节定位、施工和更换。

6.6.3 索塔构造设计

1) 索塔塔身方案选择

桥梁景观与造型的表现主题围绕着主体受力构件进行。索塔是斜拉桥的主要承重构件之一，也是最能表达斜拉桥个性和视觉效果的结构物。主塔的形状和结构尺寸的大小、比例对斜拉桥的总体建筑造型和景观有很大的影响。在索塔的设计中既要考虑其受力性能、经济性，还要兼顾美学效应和协调问题。

考虑环境分析结果，在进行桥塔结构设计时，采用风格较为刚性的桥塔。此举将使得桥塔风格与周围环境风格达到良好的互补作用，构成相互呼应的优美风景线，力求与地形、地貌协调一致，因此，设计考虑了三种塔型进行比较(详见本篇"第6.8节 景观设计")。

2)索塔设计

（1）塔身设计。

本桥采用"H"形索塔，索塔塔身由上塔柱、中塔柱、下塔柱、上横梁、下横梁等组成。

11号、12号索塔总高度（塔座顶至塔顶）均为168.3m，塔身采用箱形截面，从上至下分为3段（上、中、下塔柱），上塔柱两塔均为71.55m，中塔柱两塔均为71m，下塔柱两塔均为25.75m，塔座为3m。上塔柱为等截面，截面尺寸为9.0m×5.5m（顺桥向×横桥向），横桥向壁厚0.9m，顺桥向壁厚1.1m；中塔柱为变截面，截面尺寸由9.0m×5.5m（顺桥向×横桥向）变化至11.202m×6.5m（顺桥向×横桥向），横桥向壁厚由0.9m增加至1.3m，顺桥向壁厚1.4m；下塔柱为变截面，两索塔截面尺寸由11.202m×6.5m（顺桥向×横桥向）变化至12.0m×8.0m（顺桥向×横桥向），横桥向壁厚1.3m，顺桥向壁厚1.6m。

索塔塔柱设有劲性骨架，以便于施工定位。上塔柱斜拉索锚固区的劲性骨架，施工时可结合索导管的定位作适当的调整。

为满足施工和检修的需要，在塔柱内设置检修楼梯，在下横梁处实心段以人洞通过。

（2）横梁设计。

上、下横梁均采用等截面箱形截面。

上横梁截面尺寸为7.4m×6.5m（宽×高），壁厚0.8m；下横梁截面尺寸为7.4m×6.5m（宽×高），壁厚1.0m。

索塔上、下横梁按A类构件进行计算，根据计算配置预应力钢束，采用塑料波纹管，真空辅助压浆法进行施工。

（3）钢锚梁及钢牛腿设计。

斜拉索塔端采用钢锚梁的锚固方式，钢锚梁主要承受斜拉索的平衡水平力。每套钢锚梁锚固1对斜拉索。

11号索塔设钢锚梁共46套，单根塔柱23套。

12号索塔设钢锚梁共46套，单根塔柱23套。

钢牛腿是钢锚梁的支撑结构，由上承板、托架板、塔壁预埋钢板、剪力钉和与劲性骨架相连的连接钢板组成。

（4）索塔基础。

每个索塔墩基础均为钻孔灌注桩基础，桩径为2.0m，其中11号索塔基础共设基桩60根，桩长为65m；12号索塔基础共设基桩50根，桩长为58m；顺桥向、横桥向桩中心间距均为5.0m，按摩擦桩设计。承台为整体式矩形承台，11号索塔承台尺寸为49m×29m（横桥向×顺桥向），12号索塔承台尺寸为49m×24m（横桥向×顺桥向）。两承台均高6m，下设2m厚封底混凝土。

（5）过渡墩及基础。

采用薄壁空心墩，矩形断面，墩身尺寸为5.4m×4.5m（横×顺），壁厚60cm。盖梁截面尺寸为6.0m×2.5m（宽×高），实心截面。10号过渡墩墩身高为14.5m，13号过渡墩墩身高为25.5m。承台采用整体式，平面尺寸为26.6m×12m（横桥向×顺桥向），厚4.0m。10号过渡墩设21根桩径为1.5m的钻孔灌注桩，桩长39m。13号过渡墩设10根桩径为2m的钻孔灌注桩，桩长50m。10号、13号过渡墩桩基均按摩擦桩设计。

6.6.4 下部构造设计

1)下部结构方案选择

(1)索塔基础。

根据工程实践经验,对照各种基础形式,主塔墩基础有大直径钻孔桩、沉井等基础形式可供选择,但基础的选择需要与地质条件相适应。

沉井基础刚度大,整体性和稳定性较好,结构安全可靠,施工需要的机械设备少,承受水平荷载能力强,特别适用于基础承受水平力大、河床与河势稳定、局部冲刷不大、持力层埋深适中的地质条件。其缺点是沉井规模庞大,下沉施工控制要求较高,发生偏斜后纠偏困难,施工周期较长,对施工能力要求高。

大直径钻孔灌注桩群桩基础施工方便,结构整体刚度大,结构安全可靠,但是需要搭设额外的施工平台,水下施工承台需要钢围堰。

本桥主塔位于黄河主河道内,水下深度较浅,上、下游河槽中为第四系全新统及中更新统地层,岩性多为粉砂、细砂及亚粉土,夹有数层卵砾石,全新统粉砂多为松散~中密状,中更新统细砂多为密实状,岩土物理力学性质相对较差。桥位区域内存在不良地质,河床地带全新统上部存在厚14~20m的液化土层,主要为地震液化。冲刷计算结果表明,主河槽300年一遇、100年一遇和10年一遇流量下最大冲刷深度分别为29.12m、25.39m和22.4m。

根据本桥所处河道冲刷大、岩层液化等客观情况,沉井基础不符合本桥的地质条件,故推荐大直径桩。根据岩土试验成果,持力层非基岩,因此,选择摩擦桩方案。

(2)主塔桩基直径的选择。

方案A:采用2.0m直径的群桩基础,每个塔柱下设置60根摩擦桩。

方案B:采用3.0m直径的群桩基础,每个塔柱下设置40根摩擦桩。

方案C:采用2.5m直径的群桩基础,每个塔柱下设置46根摩擦桩。

本桥主塔基础采用摩擦桩,考虑最大冲刷状态时是高桩承台,基桩直径不宜过小,设计选择2.0m、3.0m和2.5m三种直径不同根数的基桩进行比较,布置方案A、方案B和方案C三种直径群桩基础。根据比较,方案A桩基混凝土用量比方案B、方案C少,而且因为桥位处存在冲刷和液化,采用较小直径较长桩对结构更为有利,故方案A更加具有优势。从桩基混凝土使用量方面进行比较,结果见表6-3。

桩基混凝土使用量比较结果　　　表6-3

项 目	方案A	方案B	方案C	比例	
				(方案B/方案A)	(方案C/方案A)
桩底总面积(m^2)	188.5	282.7	225.8	1.50	1.20
桩基总长(m)	3840	2400	2852	0.63	0.74
桩基混凝土方量(m^3)	12063.7	16964.6	13999.7	1.41	1.16
承台总面积(m^2)	1421.0	1392.6	1293.1	0.98	0.91
比较结果	推荐采用方案A				

2）下部设计

（1）索塔及基础。

索塔基础采用群桩基础，承台采用矩形截面。承台平面尺寸为49.0m×29.0m，厚度为6m，封底混凝土厚度3m。群桩基础采用钻孔灌注桩，11号、12号索塔每个承台下分别布置60根桩径2.0m钻孔桩，间距5.0m。11号、12号主塔基桩均为摩擦桩，桩长分别为64m、46m。

10号、13号过渡墩采用双矩形墩柱，承台厚度4m，整平层混凝土20cm，单个承台下设置10根2.0m直径的摩擦桩基础，桩长均为60m。

每个索塔墩基础均为钻孔灌注桩基础，桩径为2.0m，其中11号索塔基础共设基桩60根，桩长为65m；12号索塔基础共设基桩50根，桩长为58m；顺桥向、横桥向桩中心间距均为5.0m，按摩擦桩设计。承台为整体式矩形承台，11号索塔承台尺寸为49m×29m（横桥向×顺桥向），12号索塔承台尺寸为49m×24m（横桥向×顺桥向）。两承台均高6m，下设2m厚封底混凝土。

（2）过渡墩及基础。

采用薄壁空心墩，矩形断面，墩身尺寸为5.4m×4.5m（横×顺），壁厚60cm。盖梁截面尺寸为6.0m×2.5m（宽×高），实心截面。10号过渡墩墩身高为14.5m，13号过渡墩墩身高为25.5m。承台采用整体式，平面尺寸为26.6m×12m（横桥向×顺桥向），厚4.0m。10号过渡墩设21根桩径为1.5m的钻孔灌注桩，桩长39m。13号过渡墩设10根桩径为2m的钻孔灌注桩，桩长50m。10号、13号过渡墩桩基均按摩擦桩设计。

6.6.5 支座及阻尼器设计

1）支座

主桥主梁在索塔、过渡墩处竖向均采用球型支座，另在索塔处设置横向抗风支座。在索塔处竖向采用双向滑动球型支座，其设计承载能力为7MN，纵桥向允许位移量为±600mm，横桥向允许位移量为±50mm，转角θ为0.03rad；在每个过渡墩处分别设置两个拉压球型支座，其中一个为双向活动支座，其设计承载能力为12.5MN，设计承拉能力为1.25MN，纵桥向允许位移量为±900mm，横桥向允许位移量为±50mm，转角θ为0.03rad；另一个为单向活动支座，其设计承载能力为12.5MN，设计承拉能力为1.25MN，纵桥向允许位移量为±900mm，转角θ为0.03rad。主桥共设支座12个。

2）阻尼器

为了减小地震对结构的受力影响，每片主梁在索塔下横梁处两侧各设置一组黏滞型阻尼器，全桥共8套。其技术指标如下。

(1)阻尼指数α：0.3；
(2)阻尼系数C：4200kN/(m/s)；
(3)最大阻尼力：2500kN；
(4)行程：±600mm。

6.6.6 桥面系设计

1）桥面铺装

主桥桥面铺装采用在预制桥面板上铺设9cm改性沥青混凝土，引桥桥面采用C40聚丙烯网状纤维混凝土+防水层+9cm改性沥青混凝土。

2) 外侧防撞护栏

外侧防撞护栏采用金属梁柱式护栏,防撞等级为SA级。防撞护栏包括立柱、横梁及混凝土底座,总高度为1590mm(含底座),桥面以上高1500mm。立柱采用钢板焊接而成,顺桥向标准间距为1.5m。沿立柱高度设置有四道横梁,横梁采用焊接矩形钢管,宽为150mm,高为100mm,横梁壁厚为6mm。立柱与横梁间采用螺栓栓接,纵向横梁间采用套管和螺栓连接,套管采用焊接钢管,宽为130mm,高为80mm,套管壁厚为8mm。外侧护栏底座在桥面板施工完成后现浇,顺桥向通长布置,底座宽50cm,内侧高18cm。施工时注意设置2mm厚气动控制措施挡风板。

3) 中央分隔带防撞护栏

中央分隔带防撞护栏采用金属梁柱式护栏,防撞等级为SA级。防撞护栏包括立柱、横梁及混凝土底座。施工时注意设置2mm厚气动控制措施挡风板。

4) 检修道栏杆

为了确保大桥检修人员的安全,在检修道外侧设置栏杆,立柱采用4mm钢板制成,材质为Q235C,扶手钢管标准长度为2m,表面涂装颜色由业主研究确定。

5) 伸缩缝

主桥与引桥衔接处设置两道伸缩量为1680mm的大位移型伸缩缝,以适应较大的伸缩及转动变位。

6.7 耐久性设计

6.7.1 桥面板混凝土强度等级选用

1) 结构计算情况

通过对主梁承载能力基本组合作用下进行计算,计算结果表明,承载能力极限状态组合截面主梁梁顶位置处于受压状态,最大压应力94.9MPa,换算为混凝土材料的应力为18.3MPa。主梁梁顶最大压应力发生在边跨跨中附近,经分析与本桥未设置辅助墩、边跨变位相对较大有关。

因此,设计考虑边跨跨中桥面板压应力绝对值相对较大,根据结构计算情况选用C60混凝土,混凝土最大压应力18.3MPa,小于混凝土强度设计值$f_{cd}=26.5$MPa,满足《公路钢结构桥梁设计规范》(JTG D64—2015)中11.2.1条的要求。另外,按照《公路钢筋混凝土及预应力混凝土桥涵设计规范》(JTG D62—2004)中持久状况和短暂状况构件的应力计算(7.1.5条)要求,受压区混凝土的最大压应力17.9MPa≤$0.5f_{ck}=19.25$MPa,亦满足要求,且有一定的安全储备。

2) 混凝土强度等级综合比选

经对斜拉桥桥面板混凝土强度等级(包括C50、C55、C60等)进行综合比选,在造价可控的情况下,选择对耐久性更为有利的C60混凝土作为本桥选用材料。混凝土强度等级比选结果见表6-4。

混凝土强度等级比选　　　　　　　　　表6-4

混凝土强度等级	C50	C55	C60
设计强度(MPa)	22.4	24.4	26.5
经济性(元/m³)	706	723	796
强度类型	普通强度等级混凝土	高强度混凝土,配合比质量控制要求相对较高,在后期的硬化过程中,收缩变形比较大,养护要求高	
施工技术要求	满足普通混凝土施工技术要求即可	除符合普通混凝土的施工技术要求外,其技术难度包括: (1)混凝土的稳定性; (2)施工中振捣密实性; (3)收缩可能带来不良影响等	
综合比较	(1)高强度混凝土在材料的选用、配合比以及施工技术要求等方面均提出了较高的要求,但《公路桥涵施工技术规范》(JTG/T F50—2011)中对高强度混凝土的使用均有明确的规定,随着施工技术水平的提高,高强度混凝土已广泛应用,现场施工工艺及工法相对成熟,在本项目中使用不存在技术难点; (2)C60造价偏高,但较C55和C50单价差均在15%以内,工程造价较初设可控; (3)经结构计算,桥面板在最不利组合下压应力达18.3MPa,应力水平偏高,与本桥边跨未设置临时墩边跨变位较大有关。 因此,经综合比较,主桥预制桥面板选择C60混凝土		

3)防腐措施

根据《公路桥梁钢结构防腐涂装技术条件》(JT/T 722—2008),禹门口黄河公路大桥所处黄河河道主桥涂装面积大、维修工程量大且养护成本高,宜首选耐腐蚀寿命长的方案,以降低维护费用。因此,钢结构防腐设计采用重防腐体系,要求设计寿命为25年以上。

在运营期间,钢结构各部位所处的环境不同,故采取不同的防腐涂装体系。

(1)钢梁外表面(上翼缘板除外)。

钢梁外表面是指除桥面行车道铺装部分及锚索区铺装部分以外的所有直接暴露在大气中的钢箱梁外表面(包括锚拉板、横梁、小纵梁及导风板),由于直接受到侵蚀,故采用重防腐涂装体系。

(2)边跨箱体压重区内表面。

边跨箱体压重区内表面是指箱压重区段内所有部分,该部分处于封闭的环境中,下翼缘板及其加劲肋附近区域干空气流动不顺畅。若相对湿度难以保证,则该区域内下翼缘板及其加劲肋外表面须采用与外表面须相同的重涂装体系。

(3)钢梁桥面行车道部分(上翼缘板)以及锚索区铺装部分。

该部分根据桥面铺装实际情况确定采用防腐涂装体系。主梁钢结构防腐涂装方案见表6-5。

主梁钢结构防腐涂装方案　　　　　　　　　表6-5

部　位	涂装工序	涂装用料	道数(道)	厚度(μm)
钢梁外表面(上翼缘板顶面除外)	钢板处理	喷砂 Sa2.5级	—	—
		无机硅酸锌车间底漆	1	20
锚拉板 导流板 压重跨闭合箱内部	底漆	喷砂 Sa2.5级	—	—
		无机富锌底漆	1	75

续上表

部　位	涂装工序	涂装用料	道数(道)	厚度(μm)
钢梁外表面(上翼缘板顶面除外) 锚拉板 导流板 压重跨闭合箱内部	底漆	环氧专用封闭底漆	1	25
	中间漆	环氧云铁中间漆	2	150
	面漆	氟碳面漆(工厂)	1	40
		氟碳面漆(工地)	1	40
钢梁桥面行车道部分(上翼缘板)以及锚索区铺装部分	钢板处理	喷砂 Sa2.5 级	—	—
		无机硅酸锌车间底漆	1	20
	底漆	喷砂 Sa2.5 级	—	—
		环氧富锌底漆(工地)	1	80

(4)梁上拉索锚具防护。

锚具露出锚板的部位直接暴露在大气中,为防止外露锚具长期受空气中湿气的影响发生锈蚀,影响锚具的使用和后期的索力调整及换索工作,建议采用以下处理方法:在锚具外露部分的表面涂刷一层锚具专用防护油脂,然后在锚具外加盖防护罩。

(5)螺栓连接摩擦面处理。

采用电弧喷铝。表面净化处理到无油、干燥,喷砂≥Sa 3.0 级,厚度为 50~100μm;电弧喷铝涂层厚度大于 150μm,其技术要求应满足《铁路钢桥保护涂装及涂料供货技术条件》(TB/T 1527—2011)的相关要求。涂层抗滑移系数出厂前不小于 0.55,工地连接时不小于 0.45。

(6)涂装施工工艺基本要求。

涂装质量取决于合理的涂装设计和施工工艺与施工质量。为了确保涂层的使用年限,应对涂装施工工艺与质量的控制作出严格要求。

6.7.2 其他结构耐久性设计措施

根据《公路钢筋混凝土及预应力混凝土桥涵设计规范》(JTG D60—2004)规定,本桥所处环境条件为寒冷地区的大气环境,环境类别为Ⅰ类;根据《公路工程混凝土结构防腐蚀技术规范》(JTG/T B07—2006)规定,桥梁下部结构所处化学腐蚀环境等级为 C 级、D 级,故采用 D 级腐蚀环境等级。结构的设计基准期为 100 年。

根据《公路钢筋混凝土及预应力混凝土桥涵设计规范》(JTG D60—2004)和《公路工程混凝土结构防腐蚀技术规范》(JTG/T B07—2006)中各环境等级对混凝土最低强度等级的要求,根据本项目实际情况,结构耐久性设计方案及措施如下。

(1)受力结构混凝土强度等级不低于 C30。

(2)合理确定结构尺寸,提高桥梁耐久性。适当增加普通钢筋用量,提高桥梁抗裂能力。

(3)为避免钢筋锈蚀,采取以下措施:

①预应力钢筋即普通钢筋混凝土构件保护层厚度,严格按照《公路钢筋混凝土及预应力混凝土桥涵设计规范》(JTG D60—2004)中 9.1.1 条执行,严格按规范控制普通钢筋和预应力直线钢筋最小保护层厚度,提高钢筋抗锈蚀能力。

②提高混凝土密实度，不允许出现有害裂缝，保证施工质量，从而能够抵抗水分和侵蚀性介质的渗入。

③基于耐久性所需的混凝土的水灰比、水泥用量、强度等级、氯离子含量和碱含量必须满足Ⅱ类环境条件的基本要求。

④提高桥梁的防水功能，采用良好的抗渗、抗剪、抗拉的防水层。严格控制桥面铺装的压实度，并确保桥面排水顺畅。

(4) 预应力筋的锚固端采取可靠的防锈措施，封锚混凝土应具有良好的抗裂性。

(5) 桥梁建成交付使用后，应进行建档管理，定期对桥梁检查，并做好记录。特别注意若橡胶支座老化结硬，应定期更换。更换支座墩台帽顶面与梁底预留足够空间，以便于支座更换。

6.8 景观设计

禹门口黄河公路大桥东与山西、河南毗邻，西与西安、咸阳相接，南倚秦岭与商洛为界，北靠桥山并与延安、铜川接壤。大桥的建设对于黄河两岸韩城市和河津市的经济物流需求起着十分重要的推动作用。对本桥进行深入的景观与造型研究不但有现实意义，也对未来我国桥梁建设起到重要影响。

为保障大桥的景观效果，在进行大桥设计时，把桥梁景观造型研究与工程实践相结合、科研与工程实例挂钩，依据美观、经济、实用的设计原则，结合当地黄河河流情况、两岸山脉情况的环境特点及自然条件，从工程美学的角度对大桥施工图设计展开景观的研究与论证工作，充分发掘人文景观，以更具预见性、形象化的方式对大桥的整体景观进行分析设计，为大桥的建设提供重要景观依据，确保大桥良好的景观效果。

6.8.1 自然、地理环境分析

禹门口黄河大桥位于晋陕峡谷出口，韩城与河津的分界处，地貌单元为峡谷与黄河冲积平原的接合部，地形起伏较大。大桥桥位环境如图 6-5 所示。

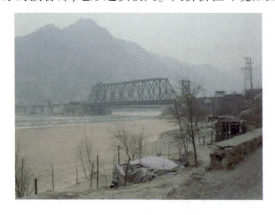 

图 6-5　大桥桥位环境

韩城位于祁、吕、贺山字形构造前弧东翼边缘的内弯部和新华夏系第三沉积带的东部,以及秦岭、阴山两个纬向构造带之间,地形地貌多样,山、原、川、滩皆有。以西北至东南走向的大断层为界,地势西北高而东南低,西北部为山区,属梁山山系,占69%;东南部为河道和平原,占31%,地貌结构大体为"七山一水二分田"。

境内主要河流有九条:芝水、居水、泌水、汶水、盘河、白矾河、凿开河、院子河、堰庄河。另有支流六条,均属黄河水系。韩城地下水资源也极为丰富,全市水资源总量为0.9亿 m^3,合计可利用量2.5亿 m^3,在我国北方属水资源条件比较优越的地区。另外,桥梁跨越山西运城湿地省级自然保护区和陕西黄河湿地省级自然保护区,两保护区是沿黄河分布的湿地自然保护区,保护区相连并以行政界为界,其生态环境功能相同,是以保护湿地生态系统及珍稀水鸟为主的湿地类型自然保护区。

6.8.2 人文环境分析

不同的桥梁适用于不同的地方,对当地特有的人文环境进行分析是大桥造型设计的前提。在掌握充分资料的前提下开展设计工作,能够保证大桥的造型设计拥有独到之处。

韩城素有"文史之乡"和"关中文物最韩城"之美誉,是伟大的史学家、文学家、世界文化名人司马迁的故乡,是国家级历史文化名城和新兴的旅游城市。这里有着十分丰富的历史文化遗产,包括司马迁祠墓、文庙、大禹庙、普照寺、魏长城遗址、千佛洞石窟等180处文物古迹和旅游景点,以及被誉为"人类民居建筑活化石"的党家村四合院民宅村落;素有"小北京"之称的金城区保护完整,向游人展示着千年古城的典雅风姿,散发着古色古香的气息。韩城人文环境如图6-6所示。

图6-6 韩城人文环境

韩城的民间艺术,远在宋、元时期已初具规模。明清时期,韩城秧歌从"地摊子"走上舞台;南原上的百面锣鼓和抬芯,声势浩大,粗犷壮美;北原上的耍神楼和背芯,奇巧飘逸,别具一格;人们在节日和婚嫁中,用花馍、布玩、刺绣等传递着相互间的美好感情和祝愿。

河津历史悠久,新石器时代就有先民集居,最早记载于《尚书·禹贡》:"导河积石,至于龙门。"因战国时期魏国的军事要塞皮氏邑位于河津市,故汉代在此置皮氏县。北魏太平真君七年(446年),改为龙门县,从此"龙门"专指今河津。"河津"一词首见于汉代地理名著《三秦记》:"河津,一名龙门",意谓黄河津渡。

河津由吕梁山区、南北坡高垣阶地及黄河汾河河谷等地貌单元组成,境内有一山(吕梁山)、二河(黄河、汾河)、三峪(遮马峪、瓜峪、神峪)。因汾河横穿辖区中部而过形成平坦而肥沃的河谷盆地,地形自北向南呈两端高、中间低的马鞍状。

河津现存有古遗址、古墓葬、古建筑 20 多处,麟岛上的真武庙金碧辉煌;回音似鸟鸣的镇风塔,雄踞虎岗的薛仁贵寒窑,司马迁坟、王通弹琴山、王绩隐居洞等古朴神秘各有千秋;禹门口钢桁铁路桥、悬索公路吊桥、斜拉钢丝桥、圆拱石桥、小半径高层引桥等以"五桥并架一处"闻名遐迩。河津市风貌如图 6-7 所示。

图 6-7　河津市风貌

大桥桥址位于禹门口,是中国古代汉族神话传说中黄河鲤鱼跃龙门的地方。据《辛氏三秦记》记载:"陕西韩城市东北一名龙门口,二名禹门口,当地人称呼名。龙关。禹凿山开门,阔一里馀,黄河自中流下,而岸不通车马。每逢春之际,有黄鲤鱼逆流而上,得过者便化为龙。"唐·元弼还著有《鱼跃龙门赋》。

"龙门"相传为大禹治水时所凿,亦称禹门渡。关于"禹凿龙门",《吕氏春秋》记载:"禹立,勤劳天下,日夜不懈,通大川,决壅塞,凿龙门。"《三才图会》记载:"此处两山壁立,河出其中,塞约百步,两岸断壁,状尽斧凿,形状似门,故称'龙门'。"

同时,黄河亦为中华民族的母亲河,见证了中华文明的发展及灿烂过程。这些丰富的人文环境为大桥的造型设计提供了良好的造型源泉。

6.8.3　大桥造型风格研究

针对桥址区景观及建筑风格的分析结果,可指导大桥造型风格、造型手法、造型元素的选择。由于桥址区域为山区向平原过渡区域,根据景观对比造型法,此处适宜采用较为刚柔并济、立体感较强的桥梁造型风格;桥址位于黄河禹门口区域,根据景观协调造型法,此处的桥塔造型手法及元素适宜与现代建筑相呼应;本桥主跨 565m,为现代大跨径缆索体系桥梁,适宜采用受力合理、简洁大气、视觉稳定的桥梁造型。

大桥风格、造型手法、造型元素选取方向的确立,将有助于大桥主体受力结构的造型设计研究。

6.8.4　桥塔造型

禹门口黄河大桥周边观景点主要来自岸上、桥面、江面以及山顶上等,周边其他建筑较少,主要以自然景色为主,桥梁一侧岸边有山坡,另一侧较为平坦。考虑到这种山地与平原结合的桥址环境,同时结合桥址的多样化文化影响,主要受力构件适合采用刚度感与挺拔感较好的造型,以体现桥梁的力感。

考虑人文环境内涵较为丰富,在进行桥塔结构设计时,可采用刚性或柔性等多种风格的桥塔,使桥塔风格与周围环境风格达到良好的互补作用,构成相互呼应的优美风景线。同时,考虑到大桥主要观察位置为桥面行车以及行船视点,均为动视点,因此,桥塔适合采用形态简约、形象明确、便于记忆且具有原创性的造型。

1) 方案一

方案一为塔形大桥,其行车效果如图6-8所示,大桥透视效果如图6-9所示。

图6-8 塔形大桥行车效果

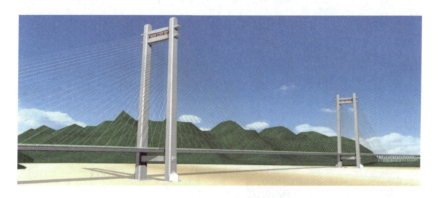

图6-9 塔形大桥透视效果图

桥址区域地处"龙门",这是桥址区域蕴含的人文色彩中最具中华民族特色的人文内容之一。因此,从这个角度出发,以门形桥塔为基本塔形进行桥塔方案设计,容易获得造型与人文呼应良好的塔型。

2) 方案二

"鱼跃龙门,过而为龙"。鲤鱼跃过龙门后,即成为龙。本方案由此出发,从龙的形态中抽取设计元素进行桥塔方案的造型设计。其大桥行车效果如图6-10所示,大桥透视效果如图6-11所示。

考虑到本桥位于吕梁南麓、黄河之滨、秦晋交界的禹门口,禹门原为龙门,地名中带有一个

"门"字,索塔取"门"形正与之契合。另外,"门"形桥塔形态贴近于握手,可表达出交流与合作之意,形态简约、力度感良好,考虑到本桥所处地理位置在陕西、山西两省交界处,是连通陕晋两省的纽带形桥梁,象征着两省的合作与共赢,而合作的一大特征是双方的握手,因此,本方案从握手的形态中抽取"H"形造型元素,用于桥梁造型设计中,构思过程如图6-12所示。

图6-10 "鱼跃龙门"方案大桥行车效果

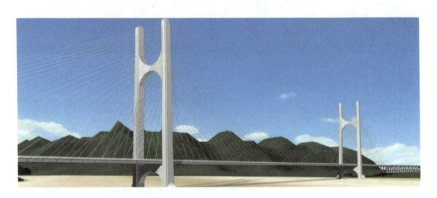

图6-11 "鱼跃龙门"方案大桥透视效果

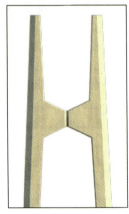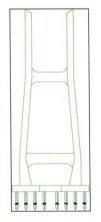

图6-12 "门"形索塔"握手"造型元素抽取及造型构思过程

"门"形桥塔适用广泛,常用于大跨径桥梁中。国内上海闵浦大桥、南浦大桥以及湖北荆沙长江大桥均采用该种构造形式。

方案采用带倒角的塔柱断面,使塔柱在光影效果作用下的立体感更强。其次,采用与塔柱不同宽的横梁,丰富桥塔的形态并减轻桥塔的横向体量。此外,"门"形桥塔基础规模小,可节省工程造价。

3)方案三

鲤鱼跃龙门,最动感莫过于刚出水时的瞬间。因此,拟以"飘浪托鲤"为主题进行桥塔方案的造型设计。"飘浪托鲤"方案大桥行车效果如图 6-13 所示,大桥透视效果如图 6-14 所示。

图 6-13　"飘浪托鲤"方案大桥行车效果

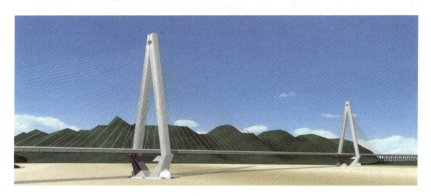

图 6-14　"飘浪托鲤"方案大桥透视效果

4)方案四

本方案从跃起腾空的鲤鱼出发,从腾空的鲤鱼中抽取设计元素进行桥塔方案的造型设计。"腾空鲤鱼"方案大桥行车效果如图 6-15 所示,大桥透视效果如图 6-16 所示。

本次设计的四组桥塔方案均采用了不同的设计元素,获得了风格各不相同的桥塔造型,不同方案各具特色。

方案一具有形态简洁、大气的特点,运用了龙门及鲤鱼等设计元素,能体现地域文化特征,同时还具备中华文化特征,在世界范围内具备国籍辨识性。

方案二形态简约,细节丰富,造型较为古典,形态特征明显,具有良好的视觉记忆效果,容易被过往驾乘人员以及周边观赏者记住。从设计与施工的角度考虑,本方案是最容易实现的,其设计及建造难度均较低。

图 6-15 "腾空鲤鱼"方案大桥行车效果

图 6-16 "腾空鲤鱼"方案大桥透视效果

方案三形态较为丰富,能体现出地域文化特征,钻石形桥塔对桥面的横向约束也较强,能相应提高大桥的抗风效果,但设计与施工难度较高。

方案四形态较为饱满,造型特征也较为明显,能体现地域文化特征。但其设计与施工难度相对较高,对施工的控制要求也较高。

综上所述,桥塔造型方案二的景观性能相对较好,且能有效降低设计及施工的成本,故选择桥塔造型方案二作为设计实施方案。禹门口黄河公路大桥建成后,气势磅礴,与周边环境和人文环境相契合,符合原设计构思与初衷。大桥建成后实际景观效果如图6-17所示。

图 6-17 大桥建成后实际景观效果

6.9 主要设计材料

1)混凝土

(1)沥青混凝土:用于桥面铺装,主桥桥面铺装厚度为9cm。

(2)C60 混凝土:用于主桥桥面系预制、现浇桥面板。

(3)C60 微膨胀混凝土:用于主桥桥面板现浇湿接缝。

(4)C50 混凝土:用于索塔塔柱、塔墩和塔座。

(5)C40 混凝土:用于索塔承台、过渡墩墩身和盖梁。

(6)C30 混凝土:用于过渡墩承台及主桥钢护栏底座。

(7)C40 小石子混凝土:用于支座垫石。

(8)C30 铁砂混凝土:用于主桥压重。

(9)C20 混凝土:承台封底混凝土。

(10)C30 水下混凝土:用于索塔及过渡墩桩基。

2)普通钢筋

(1)钢材:HPB300、HRB400 级钢筋,其材质应符合《钢筋混凝土用热轧光圆钢筋》(GB 1499.1—2008)、《钢筋混凝土用热轧带肋钢筋》(GB 1499.2—2007)及《公路钢筋混凝土及预应力混凝土桥涵设计规范》(JTG D62—2004)的相关规定,焊接的钢筋均应满足可焊要求。

(2)受力主筋直径≥25mm 的螺纹钢筋应采用套筒挤压连接或等强直螺纹连接。套筒挤压接头的施工与检验应符合《钢筋机械连接通用技术规程》(JGJ 107—2010)的规定。直径<25mm 的钢筋采用焊接接长,电弧焊接,其焊条应符合《非合金钢及细晶粒钢焊条》(GB/T 5117—2012)的相关规定。

(3)高弹钢丝网:用于斜拉桥索塔塔柱、塔墩、塔座、承台、横梁、过渡墩墩身、承台面层的防裂钢筋网,均采用 $\phi3mm$ 高弹钢丝网。

3)钢材

工字形主梁及其连接板件、锚拉板、锚管采用桥梁用结构钢,钢材牌号为 Q420qD。钢主梁厚板(厚度在36mm 以上)、AB 梁段主梁底板及全桥锚拉板采用抗层状撕裂钢材:Q420qD-Z25,即 Z 向钢板。磷的含量小于0.01%,硫的含量小于0.007%,断面收缩率>25%。

4)防腐涂层

钢材外表面防腐涂层应符合《公路桥梁钢结构防腐涂装技术条件》(JT/T 722—2008)的要求,采用长效型(15~25 年),其外表面涂装配套体系,涂装配套体系要求见表6-6。其中,需注意:

(1)涂层配套体系表中未列入车间底漆,车间底漆喷涂一道干膜厚度为 $20~25\mu m$ 的车间底漆。

(2)封闭环境钢材表面防腐体系可取消面漆。

(3)氟碳面漆溶剂可溶物氟含量≥24%。

涂装配套体系要求 表6-6

部　位	工　序	涂装体系	道数/厚度	备　注
钢梁、锚梁及牛腿外表面	表面处理	喷砂除锈 Sa2.5 级、$R_z = 40 \sim 80\mu m$		
	底层	环氧富锌底漆	1 道 × 80μm	
	中间层	环氧云铁中间漆	2 道 × 75μm	
	面层	氟碳面漆	2 道 × 40μm	工厂、现场各一道
钢—混凝土结合面	表面处理	喷砂除锈 Sa2.5 级、$R_z = 40 \sim 80\mu m$		
	底层	无机硅酸锌车间底漆	1 道 × 30μm	
高强螺栓连接摩擦面	表面处理	喷砂除锈 Sa2.5 级、$R_z = 40 \sim 80\mu m$		
	底层	无机富锌防锈防滑涂料	1 道 × 120μm	

5) 预应力

(1) 预应力钢绞线：采用符合国家标准《预应力混凝土用钢绞线》(GB/T 5224—2014)的高强低松弛钢绞线，钢绞线公称直径15.2mm，公称截面积139mm²，其标准强度 $f_{pk} = 1860$MPa，弹性模量 $E_p = 1.95 \times 10^5$ MPa，松弛率小于0.025，用于主桥预制桥面板、索塔塔柱、横梁及引桥纵向钢束。

(2) 锚具及波纹管：锚具均采用 I 类锚具，采用与相应钢绞线匹配的成套产品，包括锚垫板、锚板、夹片和锚下螺旋筋等。锚固体系性能应符合《预应力筋用锚具、夹具和连接器应用技术规程》(JGJ 85—2010) 的相关要求，锚固效率系数不小于95%。预应力钢束管道均采用塑料波纹管、真空辅助压浆工艺。波纹管应符合《预应力混凝土桥梁用塑料波纹管》(JT/T 529—2004) 的相关要求。

6) 斜拉索

斜拉索用钢绞线采用环氧涂层钢绞线，且必须满足《单丝涂覆环氧涂层预应力钢绞线》(GB/T 25823—2010) 的规定。单根环氧涂层钢绞线由七根涂覆环氧粉末的钢丝绞成，钢绞线公称直径 15.2mm，公称截面积 139mm²，单根质量为 1.091kg/m，抗拉强度标准值 $f_{pk} = 1860$MPa，钢绞线性能不低于《斜拉桥钢绞线拉索技术条件》(GB/T 30826—2014) 的相关要求。斜拉索在工厂加工完成成盘运抵工地。斜拉索用钢绞线的物理、化学及力学性能指标见表6-7。

斜拉索用钢绞线的物理、化学及力学性能指标 表6-7

序号	项　目	技 术 指 标
1	抗拉强度	≥1860MPa
2	杨氏弹性模量	$(1.95 \pm 0.1) \times 10^5$ MPa
3	松弛性能	II 级松弛(低松弛)1000h 最大松弛率≤2.5%
4	伸长率	≥3.5%
5	捻面	左捻
6	捻距	公称直径的 12 ~ 16 倍
7	不松散性	钢绞线在不绑扎的情况下切断，不松散

续上表

序号	项 目	技 术 指 标
8	弯曲度	钢绞线自由放置在一个平面上,从1m的基线测量弯曲矢高不大于25mm
9	抗疲劳性能	符合国标要求
10	公称直径	15.2mm
11	公称截面积	139mm^2
12	公称质量	1.091kg/m
13	化学成分	应符合《优质碳素钢热轧盘条》(GB/T 4354—2008)规定,硫、磷含量不得超过0.03%,铜含量不得超过0.2%,非金属夹杂物含量不得超过0.10%

斜拉索HDPE外护套管采用双层同步热挤圆形截面的双层HDPE管,内层为黑色,外层颜色为白色(暂定,应由业主研究后最终确定),表面同时挤出具有抗风雨激振的螺旋线。HDPE外护套管内外层均应具有较好的抗老化寿命,黑色或彩色高密度聚乙烯塑料的主要性能见表6-8。

HDPE外护套管聚乙烯保护层性能指标　　　　　　　　　　　表6-8

序号	项　目		单　位	指　标	
				黑色	彩色
1	密度		g/cm^3	0.942~0.965	
2	熔体流动速度		g/10min	≤0.45	
3	拉伸断裂应力		MPa	≥25	
4	拉伸屈服应力		MPa	≥15	
5	断裂标称应变		%	≥400	
6	硬度		—	≥50	
7	拉伸弹性模量		MPa	≥500	
8	弯曲弹性模量		MPa	≥550	
9	冲击强度		kJ/m^2	≥25	
10	软化温度		℃	≥115	
11	耐环境应力开裂		h	≥5000	
12	冲击脆化温度		℃	<−76	
13	耐热应力开裂		h	≥96	
14	耐热老化性	拉伸断裂应力变化率	%	±20	
		断裂标称应变变化率	%	±20	
15	耐臭氧老化性		—	无异常变化	
16	耐荧光紫外老化性	拉伸断裂应力变化率	%	±25(480h)	±25(3000h)
		断裂标称应变变化率	%	±25(480h)	±25(3000h)
17	耐光色牢度		级	—	≥7
18	炭黑分散性		分	≥6	—
19	炭黑含量		%	2.5±0.3	—

斜拉索采用阻尼器、气动措施并用的综合减振方案。

拉索在塔端采用内置减振器,梁端采用外置减振器(近塔端三对拉索不设置外置减振器)。内置减振器由供货的斜拉索锚具厂配套组装供应,外置减振器采购定型产品。

主梁斜拉索索导管的内壁与外露部分,应采取措施(涂刷油漆、填塞发泡材料、设置十字形泄水孔等),防止施工和使用中的腐蚀。

斜拉索锚具采用250型,塔端为张拉端,梁端为固定端,斜拉索两端锚具采用张拉端锚具。

相关斜拉索所用钢绞线、镀锌、锚具、夹片、PE材料、配套防腐等的原材料、制作工艺、储藏运输、型式检验、安装成型均应符合及满足《公路桥涵施工技术规范》(JTG/T F50—2011)和国家、相关部委相关规范和标准的要求。

7)剪力钉

剪力钉采用圆柱头焊钉,技术标准应符合《电弧螺柱焊用圆柱头焊钉》(GB/T 10433—2002)的相关要求。焊钉材料为ML15AL钢,其技术标准应符合《冷镦和冷挤压用钢》(GB/T 6478—2001)的相关要求。

8)高强螺栓

钢锚梁采用高强螺栓,其余采用普通高强螺栓,螺栓均采用10.9S级。

(1)M30:主梁连接。

(2)M24:主梁与横梁连接、纵向加劲肋连接、钢锚梁同牛腿之间的连接。

(3)M20:导流板与主梁连接。

9)焊接材料

焊接材料采用与母材相匹配的焊丝、焊剂与手工焊条,并应符合相应的国标要求。

10)支座及伸缩缝

(1)支座:主桥主梁在索塔、过渡墩处均采用球型支座,另在索塔处设置横向KFPZ型抗风支座。

钢主梁与桥面板间设置橡胶垫板,并采用石油沥青聚氨酯接缝材料进行防水处理。

(2)伸缩缝:主、引桥过渡墩处各设一道1680型梳齿式大位移伸缩缝,产品应符合《单元式多向变位梳形板桥梁伸缩装置》(JT/T 723—2008)的要求。

11)其他

(1)塔柱内劲性骨架和附属设施采用热轧等边或不等边角钢、热轧工字钢等。

(2)检修道处采用3.5mm厚的抗滑橡胶地板。

(3)塔柱人孔门采用气密门。

(4)基桩钢护筒采用Q345B钢板。

(5)防水黏结层所用材料宜采用环保材料,技术指标应符合《路桥用水性沥青基防水涂料》(JT/T535—2004)、《道桥用防水涂料》(JC/T 975—2005)及相关规范、规程的规定。

第7章 结构分析

本章主要介绍钢—混凝土结合梁斜拉桥设计中,涉及钢主梁、桥面板、索塔、拉索、下部构造的整体计算、局部计算分析以及施工阶段的受力分析。

7.1 设计参数

在计算分析之前,应对设计资料进行整理计算。设计资料包括索、塔、钢主梁、桥面板计算参数,恒载(一期、二期、三期恒载)和活载横向分布系数。

7.1.1 基本资料

(1)设计单位《108 国道禹门口黄河公路大桥及引道工程施工图设计(桥梁工程分册)》。
(2)设计单位《108 国道禹门口黄河公路大桥及引道工程可行性研究报告工程地质勘察报告(详细勘察)》。

7.1.2 主要材料及指标

1)混凝土
混凝土主要指标见表7-1。

混凝土主要指标　　　　　　　　　表7-1

强度等级	指标					
	弹性模量（MPa）	重度（MPa）	轴心抗压设计强度（MPa）	抗拉设计强度（MPa）	轴心抗压标准强度（MPa）	抗拉标准强度（MPa）
C60	3.60×10^4	26	26.5	1.96	38.5	2.85
C50	3.45×10^4	26	22.4	1.83	32.4	2.65
C40	3.25×10^4	26	18.4	1.65	26.8	2.40
C30	3.00×10^4	26	13.8	1.39	20.1	2.01
C25	2.80×10^4	26	11.5	1.23	16.7	1.78

2）钢筋

钢筋主要指标见表7-2。

钢筋主要指标　　　　　　　　　表7-2

钢筋种类	抗拉设计强度（MPa）	抗压设计强度（MPa）	标准强度（MPa）	弹性模量（MPa）
HPB300	250	250	300	2.1×10^5
HRB400	330	330	400	2.0×10^5

3）钢材

（1）Q420qD：用于工字形钢主梁、锚拉板及锚管等，其技术指标应符合《桥梁用结构钢》（GB/T 714—2008）的相关规定，锚管规格应符合《结构用无缝钢管》（GB/T 8162—2008）的要求。

（2）Q345qD：用于钢锚梁、主梁横梁及其连接板件、小纵梁及其连接板件、主桥钢防撞护栏等，其材质应符合《低合金高强度结构钢》（GB/T 1591—2008）的相关规定。

（3）Q235C：索塔劲性骨架、各种预埋件、拉索钢套筒、导流板、检修通道、爬梯及其他设备，其材质应符合《碳素结构钢》（GB/T 700—2006）的相关要求。

（4）Q420qD-Z25：厚板（厚度在40mm以上）、锚拉板的Z向性能应符合《厚度方向性能钢板》（GB 5313—2010）中Z25级的相关要求。

4）预应力

（1）预应力钢绞线：采用符合国家标准《预应力混凝土用钢绞线》（GB/T 5224—2003）高强低松弛钢绞线，其标准强度$f_{pk}=1860$MPa，松弛率小于0.035，用于主桥预制桥面板、主塔塔柱、主塔横梁及引桥纵向钢束。

（2）锚具及波纹管：锚具均采用Ⅰ类锚具，采用与相应钢绞线匹配的成套产品，包括锚垫板、锚板、夹片和锚下螺旋筋等。锚固体系性能应符合《预应力筋用锚具、夹具和连接器应用技术规程》（JGJ 85—2010）的相关要求，锚固效率系数不小于95%。

（3）预应力钢束管道均采用塑料波纹管、真空辅助压浆工艺。波纹管应符合《预应力混凝土桥梁用塑料波纹管》（JT/T 529—2004）的相关要求。

5）斜拉索

斜拉索用钢绞线采用镀锌钢绞线，且必须满足《高强度低松弛预应力热镀锌钢绞线》

（YB/T 152—1999）的相关规定。单根镀锌钢绞线由七根镀锌钢丝绞成，钢绞线公称直径15.2mm，公称截面积139mm²，单根质量为1.091kg/m，抗拉强度标准值f_{pk} = 1860MPa，钢绞线性能不低于《斜拉桥钢绞线拉索技术条件》（GB/T 30826—2014）的相关要求。

7.1.3 边界条件

（1）主梁与主塔下横梁处采用竖向支撑，允许主梁发生水平变位，约束其竖向变位、横向及纵向转动变位。

（2）主塔底部采用完全固结的形式，约束其三个方向的平动及转动变位。

（3）过渡墩处主梁采用竖向支撑，允许主梁发生水平变位，约束其竖向变位、横向及纵向转动变位。

7.1.4 施工阶段

全桥按照施工顺序，模型中共划分为78个施工阶段，各施工阶段的描述见表7-3。

主桥施工阶段描述 表7-3

施工阶段	描述
1	激活主塔单元并将塔底固结
2	（1）托架施工0号段、1号段； （2）设置主塔处梁底永久支座及梁底临时固结
3	安装并张拉第1对斜拉索
4	加载起重机荷载
5	拆除托架
6	吊装2号梁段，加载2号梁段重量
7	安装并张拉第2对斜拉索
8	移动起重机至2号梁段位置，准备吊装3号梁段
9～50	重复6～8阶段至安装第16对索，移动起重机至16号梁段位置；支架施工边跨18～20号梁段
51～52	（1）吊装17号梁段，加载17号梁段重量； （2）安装并张拉第17对斜拉索完成边跨合龙
53	边跨完成配重
54～57	（1）移动中跨起重机至17号梁段位置； （2）吊装中跨18号梁段； （3）安装并张拉第18对斜拉索； （4）移动中跨吊机至18号梁段位置
58～72	重复52～54阶段至第安装23对索，移动起重机至23号梁段位置
73～74	（1）吊装合龙段； （2）中跨合龙

续上表

施工阶段	描述
75~77	(1)拆除主塔处主梁临时固结; (2)拆除起重机; (3)拆除边跨支架
78	施加二期荷载

7.1.5 计算参数选取

斜拉桥结构分析包括主梁、桥塔、斜拉索、基础,所承受的荷载包括一期恒载、二期恒载、基础变位作用、活载、体系温差、制动力、风荷载、冰压力、地震作用、船舶撞击作用、流冰撞击作用等。

1)恒载

组合梁和桥塔混凝土重度按 26kN/m³ 考虑,横梁自重按集中荷载作用在主梁单元上,桥面系等二期恒载按均布荷载作用在主梁单元上。

2)基础变位作用

主塔基础沉降 2cm,过渡墩基础沉降 2cm。

3)活载

本桥汽车荷载按公路-Ⅰ级设计,双向6车道,记入车道折减系数 0.55、纵向折减系数 0.96 以及偏载系数 1.15。

4)体系温差

本次计算对因温度引起的外加变形和约束变形,在静力计算中考虑最高和最低有效温度的作用效应以及由梯度温度引起的效应。大桥所处地区年平均气温 14.2℃,极端最高温度 40.9℃,极端最低温度 -15℃,由此得出结构最低有效温度标准值为 -12.52℃,最高有效温度标准值为 -42.74℃。假设大桥在 15℃ 环境下合龙,其余温度作用参照《公路斜拉桥设计细则》(JTG/T D65-01—2007)5.2.5 条规定设定。体系温差取值见表 7-4。

体系温差取值(单位:℃)　　　　　表 7-4

体系温差	最高温度/最低温度	±28
构件温差	钢梁与混凝土桥面板温差	±15
	斜拉索与主梁、主塔间温差	±10
	索塔左右侧面温差	±5

5)制动力

制动力计算按照《公路桥涵设计通用规范》(JTG D60—2015)第 4.3.5 条规定计算,取值 2569.32kN,按均布荷载施加于主梁上,均布荷载大小为 2.45kN/m。

6)风荷载

取禹门口黄河公路大桥桥址处的基本风速为 $V_{10} = 31$m/s,地表类型按 B 类考虑。

(1)成桥阶段设计静阵风风速计算(不参与活载组合)。

①主梁:取桥面处风速值为计算风速,$Z = 37.48$m(桥面距塔底高度),则 $V_Z = 31 \times$

$(37.48/10)^{0.16} = 38.3 \text{m/s}$。

②主塔:桥塔基准高度取水面以上塔高的65%高度处。塔高基准高度 $Z = 171.8 \times 0.65 = 111.67\text{m}$,则 $V_Z = 31 \times (111.67/10)^{0.16} = 45.6 \text{m/s}$。

③斜拉索:斜拉索基准高度取跨中主梁底面到塔顶的平均高度处。斜拉索基准高度 69.78m,则 $V_Z = 31 \times (69.78/10)^{0.16} = 42.3 \text{m/s}$。

(2)成桥阶段设计静阵风风速计算(参与活载组合)。

参与活载组合时,桥面高度处的风速 V_Z 取31m/s。

①主梁:$V_Z = 25 \times (37.48/37.48)^{0.16} = 25 \text{m/s}$。

②主塔:$V_Z = 25 \times (111.67/37.48)^{0.16} = 29.8 \text{m/s}$。

③斜拉索:$V_Z = 25 \times (69.78/37.48)^{0.16} = 27.6 \text{m/s}$。

(3)施工阶段设计静阵风风速计算(裸塔):$V_Z = 31 \times 0.84 \times (111.67/10)^{0.16} = 38.3 \text{m/s}$。

(4)风荷载取值计算。

①正常使用阶段风荷载不参与活载组合桥梁各部位风荷载取值分别见表7-5、表7-6。

正常使用阶段横桥向风荷载取值(不参与活载组合)　　表7-5

部位	G_V	V_Z(m/s)	V_g(m/s)	ρ(kg/m³)	C_H	H(m)	F_H(kN/m)
主梁	1.22	38.3	46.72	1.25	1.30	3.98	7.06
主塔(下塔柱)	1.22	45.61	55.64	1.25	1.98	12	45.97
主塔(中塔柱)	1.22	45.61	55.64	1.25	1.96	11.18	42.40
主塔(上塔柱)	1.22	45.61	55.64	1.25	1.91	9	33.26
斜拉索	1.22	42.3	51.61	1.25	1.00	0.28	0.47

表中:G_V-静阵风系数;V_Z-距地表(或水面)高度 Z 处的风速;V_g-阵风风速;ρ-空气密度;C_H-主梁的阻力系数;H-主梁投影高度;F_H-作用在主梁单位长度上的静阵风荷载。

正常使用阶段纵桥向风荷载取值(不参与活载组合)　　表7-6

部位	G_V	V_Z(m/s)	V_g(m/s)	ρ(kg/m³)	C_H	H(m)	F_H(kN/m)
主塔(下塔柱)	1.22	45.61	55.64	1.25	1.32	8	20.43
主塔(中塔柱)	1.22	45.61	55.64	1.25	1.24	6.5	15.60
主塔(上塔柱)	1.22	45.61	55.64	1.25	1.18	5.5	12.56

主梁纵桥风荷载 $F_{tr} = 0.5 \times 25 \times 46.72 \times 46.72 \times 0.04 \times 64.0 = 3.49 \text{kN/m}$。

②正常使用阶段风荷载参与活载组合桥梁各部位风荷载取值分别见表7-7、表7-8。

正常使用阶段横桥向风荷载取值(参与活载组合)　　表7-7

部位	G_V	V_Z(m/s)	V_g(m/s)	ρ(kg/m³)	C_H	H(m)	F_H(kN/m)
主梁	1.22	25	30.5	1.25	1.3	3.98	3.01
主塔(下塔柱)	1.22	29.77	36.32	1.25	1.98	12	19.59
主塔(中塔柱)	1.22	29.77	36.32	1.25	1.96	11.18	18.07
主塔(上塔柱)	1.22	29.77	36.32	1.25	1.91	9	14.17
斜拉索	1.22	27.61	33.69	1.25	1	0.28	0.2

正常使用阶段纵桥向风荷载取值（参与活载组合）　　　　　表7-8

部位	G_V	V_Z(m/s)	V_g(m/s)	ρ(kg/m³)	C_H	H(m)	F_H(kN/m)
主塔(下塔柱)	1.22	29.77	36.32	1.25	1.32	8	8.71
主塔(中塔柱)	1.22	29.77	36.32	1.25	1.24	6.5	6.65
主塔(上塔柱)	1.22	29.77	36.32	1.25	1.18	5.5	5.35

主梁纵桥风荷载 $F_{fr} = 0.5 \times 25 \times 30.5 \times 30.5 \times 0.04 \times 64.0 = 1.49 \text{kN/m}$。

③施工阶段裸塔风荷载取值分别见表7-9、表7-10。

施工阶段裸塔横桥向风荷载取值　　　　　表7-9

部位	G_V	V_Z(m/s)	V_g(m/s)	ρ(kg/m³)	C_H	H(m)	F_H(kN/m)
主塔(下塔柱)	1.35	38.25	51.64	1.25	1.98	12	39.60
主塔(中塔柱)	1.35	38.25	51.64	1.25	1.96	11.18	36.52
主塔(上塔柱)	1.35	38.25	51.64	1.25	1.91	9	28.65

施工阶段裸塔纵桥向风荷载取值　　　　　表7-10

部位	G_V	V_Z(m/s)	V_g(m/s)	ρ(kg/m³)	C_H	H(m)	F_H(kN/m)
主塔(下塔柱)	1.35	38.25	51.64	1.25	1.32	8	17.60
主塔(中塔柱)	1.22	29.77	36.32	1.25	1.24	6.5	13.43
主塔(上塔柱)	1.22	29.77	36.32	1.25	1.18	5.5	10.82

7）冰压力

冰压力按照《公路桥涵设计通用规范》(JTG D60—2015)第4.3.11条规定计算，计算冰层厚度按2.5m考虑。冰压力 $= 0.66 \times 2 \times 11 \times 2.5 \times 750 = 27225 \text{kN}$。

8）地震作用

本工程地震动峰值加速度0.161g，地震基本烈度为Ⅶ度。根据《公路工程抗震规范》(JTG B02—2013)，本工程桥梁抗震措施设防烈度按Ⅷ度考虑。

9）船舶撞击作用

船舶撞击作用按照《公路桥涵设计通用规范》(JTG D60—2015)第4.4.1条规定取值，横桥向撞击作用550kN，顺桥向撞击作用450kN，撞击作用位置按照最高通航水位加2m考虑，即距承台顶面14.2m。

10）流冰撞击作用

流冰撞击作用按照《公路桥涵设计通用规范》(JTG D60—2015)第4.4.2条规定取值，冰块体积按照长、宽10m，厚度2.5m考虑，水流流速按照3.8m/s考虑。流冰撞击力 $F = 2500 \times 3.8 \div (9.81 \times 1) = 968.4 \text{kN}$，撞击作用位置按照最高通航水位考虑，即距承台顶面12.2m。

7.1.6　荷载组合

组合1：恒载 + 基础变位 + 汽车；

组合2：恒载 + 基础变位 + 汽车 + 温度影响力；

组合3:恒载+基础变位+汽车+风荷载;
组合4:恒载+基础变位+汽车+制动力;
组合5:恒载+基础变位+汽车+冰压力;
组合6:恒载+基础变位+汽车+风荷载+制动力;
组合7:恒载+基础变位+汽车+风荷载+冰压力;
组合8:恒载+基础变位+汽车+温度影响力+风荷载+制动力;
组合9:恒载+基础变位+汽车+温度影响力+风荷载+冰压力;
组合10:恒载+基础变位+汽车+温度影响力+风荷载+制动力+船舶撞击;
组合11:恒载+基础变位+汽车+温度影响力+风荷载+制动力+流冰撞击;
组合12:恒载+地震力。

7.2 整体计算分析

7.2.1 施工阶段计算

对施工阶段斜拉索应力、安全系数、主梁应力、主塔应力,以及施工过程中可能出现的不平衡荷载进行了计算,并进行施工阶段的抗风计算。

1) 施工阶段斜拉索最大索力及安全度计算

施工阶段斜拉索最大索力及安全度计算结果见表7-11。

施工阶段斜拉索最大索力及安全度计算结果　　表7-11

拉索编号	施工阶段最大索力(kN)	破断荷载(kN)	安全度	对应型号	拉索编号	施工阶段最大索力(kN)	破断荷载(kN)	安全度	对应型号
B01	3409.3	11117.2	3.26	250-43	B15	5651.7	15770.9	2.79	250-61
B02	3471.5	9566	2.76	250-37	B16	6242.5	18873.4	3.02	250-73
B03	3724.6	9566	2.57	250-37	B17	5934.7	18873.4	3.18	250-73
B04	3932.2	11117.2	2.83	250-43	B18	5828.5	18873.4	3.24	250-73
B05	4035.0	11117.2	2.76	250-43	B19	5975.2	18873.4	3.16	250-73
B06	4186.9	11117.2	2.66	250-43	B20	6070.8	18873.4	3.11	250-73
B07	4500.3	14219.7	3.16	250-55	B21	6046.6	21975.9	3.63	250-85
B08	4670.2	14219.7	3.04	250-55	B22	6321.0	23527.1	3.72	250-91
B09	4865.4	14219.7	2.92	250-55	B23	6118.9	23527.1	3.84	250-91
B10	5058.8	14219.7	2.81	250-55	Z01	3407.8	11117.2	3.26	250-43
B11	5129.9	14219.7	2.77	250-55	Z02	3496.9	9566	2.74	250-37
B12	5443.2	15770.9	2.90	250-61	Z03	3710.9	9566	2.58	250-37
B13	5359.0	15770.9	2.94	250-61	Z04	3892.0	11117.2	2.86	250-43
B14	5465.8	15770.9	2.89	250-61	Z05	4003.9	11117.2	2.78	250-43

续上表

拉索编号	施工阶段最大索力（kN）	破断荷载（kN）	安全度	对应型号	拉索编号	施工阶段最大索力（kN）	破断荷载（kN）	安全度	对应型号
Z06	4164.0	11117.2	2.67	250-43	Z15	5913.4	15770.9	2.67	250-61
Z07	4454.2	14219.7	3.19	250-55	Z16	6058.1	18873.4	3.12	250-73
Z08	4638.7	14219.7	3.07	250-55	Z17	6298.7	18873.4	3.00	250-73
Z09	4839.3	14219.7	2.94	250-55	Z18	6450.5	18873.4	2.93	250-73
Z10	5031.7	14219.7	2.83	250-55	Z19	6597.1	18873.4	2.86	250-73
Z11	5211.1	14219.7	2.73	250-55	Z20	6735.2	18873.4	2.80	250-73
Z12	5389.3	15770.9	2.93	250-61	Z21	6864.4	18873.4	2.75	250-73
Z13	5568.0	15770.9	2.83	250-61	Z22	7092.9	21975.9	3.10	250-85
Z14	5778.4	15770.9	2.73	250-61	Z23	6260.1	23527.1	3.76	250-91

计算结果表明,施工阶段斜拉索安全系数均大于2,满足要求。

2) 施工阶段主梁拉应力计算

对主梁各施工阶段的最大拉应力进行计算,计算结果如图7-1、图7-2所示。

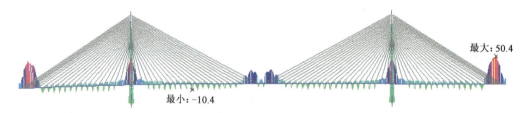

图7-1 施工阶段主梁最大拉应力计算图(单位:MPa)

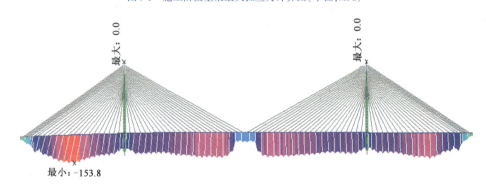

图7-2 施工阶段主梁最小拉应力计算图(单位:MPa)

计算结果表明,施工阶段主梁最大拉应力50.4MPa,最大压应力153.8MPa,均小于钢材抗弯强度设计值305MPa,满足要求。

3) 施工阶段主塔应力计算

对主塔各施工阶段的应力进行计算,计算结果如图7-3、图7-4所示。

计算结果表明,施工阶段主塔处于受压状态,最大压应力10.3MPa,小于$0.7f_{ck}$(混凝土轴心抗压强度标准值)=22.68MPa,满足要求。

图 7-3 施工阶段主塔最大应力
计算图(单位:MPa)

图 7-4 施工阶段主塔最小应力
计算图(单位:MPa)

4)施工阶段抗风计算

对施工过程中主塔浇注完成后裸塔阶段、最大双悬臂阶段、最大单悬臂阶段、成桥后四个施工阶段的主塔受纵、横向风力作用进行静力计算,计算结果分别见表7-12~表7-19。

主塔浇注完成后裸塔阶段塔身正截面抗压承载力计算结果(纵桥向)　　表7-12

位置	轴心受压工况			弯矩最大工况			弯矩最小工况		
	作用(kN)	抗力(kN)	是否满足	作用(kN·m)	抗力(kN·m)	是否满足	作用(kN·m)	抗力(kN·m)	是否满足
下塔柱	221678	904270	满足	184686	566394	满足	217331	746812	满足
中塔柱	160189	650731	满足	134337	483280	满足	155115	697588	满足
上塔柱	62995	355474	满足	62995	451145	满足	62995	355474	满足

主塔浇注完成后裸塔阶段塔身正截面抗压承载力计算结果(横桥向)　　表7-13

位置	轴心受压工况			弯矩最大工况			弯矩最小工况		
	作用(kN)	抗力(kN)	是否满足	作用(kN·m)	抗力(kN·m)	是否满足	作用(kN·m)	抗力(kN·m)	是否满足
下塔柱	220168	904270	满足	179692	691487	满足	216577	440785	满足
中塔柱	160189	650731	满足	155062	578225	满足	133108	572870	满足
上塔柱	62995	355474	满足	52496	333658	满足	62995	333766	满足

最大双悬臂阶段塔身正截面抗压承载力计算结果(纵桥向)　　表7-14

位置	轴心受压工况			弯矩最大工况			弯矩最小工况		
	作用(kN)	抗力(kN)	是否满足	作用(kN·m)	抗力(kN·m)	是否满足	作用(kN·m)	抗力(kN·m)	是否满足
下塔柱	337409	904270	满足	287766	567052	满足	263808	791382	满足
中塔柱	266868	658758	满足	226052	518930	满足	211623	771788	满足
上塔柱	161435	355474	满足	160867	445328	满足	134616	421748	满足

最大双悬臂阶段塔身正截面抗压承载力计算结果（横桥向）　　表7-15

位置	轴心受压工况			弯矩最大工况			弯矩最小工况		
	作用(kN)	抗力(kN)	是否满足	作用(kN·m)	抗力(kN·m)	是否满足	作用(kN·m)	抗力(kN·m)	是否满足
下塔柱	337454	904270	满足	263996	929873	满足	287572	755823	满足
中塔柱	266881	658758	满足	211554	486798	满足	226066	661962	满足
上塔柱	161435	355474	满足	134612	333511	满足	133579	451926	满足

最大单悬臂阶段塔身正截面抗压承载力计算结果（纵桥向）　　表7-16

位置	轴心受压工况			弯矩最大工况			弯矩最小工况		
	作用(kN)	抗力(kN)	是否满足	作用(kN·m)	抗力(kN·m)	是否满足	作用(kN·m)	抗力(kN·m)	是否满足
下塔柱	439891	904270	满足	421245	570715	满足	334827	864843	满足
中塔柱	364650	658758	满足	347921	529103	满足	281401	517565	满足
上塔柱	246902	355474	满足	232612	296649	满足	204290	326407	满足

最大单悬臂阶段塔身正截面抗压承载力计算结果（横桥向）　　表7-17

位置	轴心受压工况			弯矩最大工况			弯矩最小工况		
	作用(kN)	抗力(kN)	是否满足	作用(kN·m)	抗力(kN·m)	是否满足	作用(kN·m)	抗力(kN·m)	是否满足
下塔柱	436304	904270	满足	322052	702739	满足	425163	519709	满足
中塔柱	364603	650731	满足	338211	534369	满足	294523	581197	满足
上塔柱	247018	562833	满足	245736	333749	满足	191302	376073	满足

成桥后塔身正截面抗压承载力计算结果（纵桥向）　　表7-18

位置	轴心受压工况			弯矩最大工况			弯矩最小工况		
	作用(kN)	抗力(kN)	是否满足	作用(kN·m)	抗力(kN·m)	是否满足	作用(kN·m)	抗力(kN·m)	是否满足
下塔柱	440107	904270	满足	361551	504848	满足	393232	579169	满足
中塔柱	365289	658758	满足	298047	375302	满足	329213	523589	满足
上塔柱	248943	355474	满足	200678	211072	满足	238587	315496	满足

成桥后塔身正截面抗压承载力计算结果（横桥向）　　表7-19

位置	轴心受压工况			弯矩最大工况			弯矩最小工况		
	作用(kN)	抗力(kN)	是否满足	作用(kN·m)	抗力(kN·m)	是否满足	作用(kN·m)	抗力(kN·m)	是否满足
下塔柱	436463	904270	满足	323166	702114	满足	426695	529560	满足
中塔柱	365196	650731	满足	340045	534165	满足	295191	587015	满足
上塔柱	248923	562833	满足	208927	333794	满足	232174	413955	满足

计算结果表明,施工过程中主塔浇注完成后裸塔阶段、最大双悬臂阶段、最大单悬臂阶段、成桥后四个施工阶段的主塔在纵、横向风载作用下强度满足要求。

7.2.2 持久状况正常使用极限状态计算

下面对正常使用极限状态斜拉索索力、主梁应力、主塔应力和主塔横梁应力进行计算。

1) 正常使用极限状态斜拉索索力计算

对正常使用极限状态斜拉索索力进行计算,计算结果见表7-20。

正常使用极限状态斜拉索索力计算结果　　　　表7-20

拉索编号	使用阶段最大索力(kN)	破断荷载(kN)	安全度	活载作用应力幅值(MPa)	拉索型号	拉索编号	使用阶段最大索力(kN)	破断荷载(kN)	安全度	活载作用应力幅值(MPa)	拉索型号
B01	3280.4	11117	3.39	66.0	250-43	Z01	3204.5	11117	3.47	65.8	250-43
B02	3083.6	9566	3.10	85.0	250-37	Z02	3096.6	9566	3.09	84.9	250-37
B03	3249.2	9566	2.94	99.3	250-37	Z03	3253.6	9566	2.94	99.1	250-37
B04	3461.9	11117	3.21	98.9	250-43	Z04	3450.0	11117	3.22	98.8	250-43
B05	3598.1	11117	3.09	92.6	250-43	Z05	3605.0	11117	3.08	93.8	250-43
B06	3787.5	11117	2.94	91.2	250-43	Z06	3795.8	11117	2.93	89.9	250-43
B07	4152.8	14220	3.42	90.6	250-55	Z07	4104.7	14220	3.46	87.9	250-55
B08	4468.1	14220	3.18	95.4	250-55	Z08	4344.2	14220	3.27	88.2	250-55
B09	4847.2	14220	2.93	105.0	250-55	Z09	4592.4	14220	3.10	90.4	250-55
B10	5262.8	14220	2.70	114.4	250-55	Z10	4840.4	14220	2.94	93.3	250-55
B11	5498.3	14220	2.59	120.7	250-55	Z11	5082.6	14220	2.80	96.5	250-55
B12	6107.6	15771	2.58	121.5	250-61	Z12	5311.9	15771	2.97	98.7	250-61
B13	6045.0	15771	2.61	114.9	250-61	Z13	5537.8	15771	2.85	100.4	250-61
B14	6032.3	15771	2.61	98.6	250-61	Z14	5830.8	15771	2.70	100.0	250-61
B15	5998.5	15771	2.63	73.9	250-61	Z15	6006.9	15771	2.63	96.4	250-61
B16	6751.2	18873	2.80	69.2	250-73	Z16	6159.3	18873	3.06	87.08	250-73
B17	6646.3	18873	2.84	77.1	250-73	Z17	6380.2	18873	2.96	79.3	250-73
B18	6595.9	18873	2.86	90.0	250-73	Z18	6566.7	18873	2.87	82.2	250-73
B19	6898.5	18873	2.74	118.4	250-73	Z19	6754.6	18873	2.79	93.1	250-73
B20	7146.7	18873	2.64	137.8	250-73	Z20	6946.2	18873	2.72	108.0	250-73
B21	7435.0	21976	2.96	157.1	250-85	Z21	7140.6	18873	2.64	128.4	250-73
B22	7960.8	23527	2.96	179.1	250-91	Z22	7550.8	21976	2.91	151.2	250-85
B23	8032.9	23527	2.93	201.4	250-91	Z23	7909.3	23527	2.97	178.2	250-91

计算结果表明,正常使用极限状态斜拉索索力安全系数均大于2.5,斜拉索在车道荷载作用下最大应力幅值为201.4MPa,小于250MPa,满足要求。

2)正常使用极限状态主梁应力计算

对正常使用极限状态进行主梁应力计算,计算结果表明,正常使用极限状态主梁组合截面最大拉应力203.1MPa,最大压应力205.4MPa,均小于钢材抗弯强度设计值305MPa;组合截面主梁梁顶位置处于受压状态,最大压应力99.5MPa,换算为混凝土材料的应力为17.9MPa,小于混凝土材料正截面压应力限值19.25MPa,满足要求。

3)正常使用极限状态主塔塔身计算裂缝宽度计算

对正常使用极限状态主塔塔身计算裂缝宽度进行计算,计算结果见表7-21。表中仅列出了下塔柱、中塔柱、上塔柱最下端截面计算结果。

计算结果表明,塔身断面纵桥向和横桥向计算裂缝宽度均满足要求。

常使用极限状态下主塔计算裂缝宽度计算结果(单位:mm)　　表7-21

顺桥向				横桥向			
位置	计算裂缝宽度	容许值	是否满足	位置	计算裂缝宽度	容许值	是否满足
下塔柱	0.001	0.2	满足	下塔柱	0.001	0.2	满足
中塔柱	0.135	0.2	满足	中塔柱	0.001	0.2	满足
上塔柱	0.090	0.2	满足	上塔柱	0.001	0.2	满足

4)正常使用极限状态主塔横梁应力计算

对正常使用极限状态主塔上横梁、下横梁应力进行计算,计算结果见表7-22。

正常使用极限状态下横梁应力计算结果(单位:MPa)　　表7-22

位置	正截面拉应力(上缘)	正截面拉应力(下缘)	主拉应力	正截面压应力(上缘)	正截面压应力(下缘)	主压应力
上横梁	-0.48	-1.52	0.91	-10.33	-10.72	-11.20
下横梁	-0.34	-4.17	0.43	-9.52	-14.28	-13.00

计算结果表明,主塔上横梁、下横梁正截面混凝土拉应力、斜截面主拉应力、正截面混凝土压应力、主压应力均满足规范要求。

5)正常使用极限状态变形计算

本方案主梁在汽车荷载作用下最大竖向挠度889mm,满足《公路斜拉桥设计细则》(JTG/T D65-01—2007)第4.4.1条关于竖向挠度的规定,塔顶在活载作用下最大水平变位402mm。

汽车荷载作用下桥塔及主梁位移见表7-23。

汽车荷载作用下桥塔及主梁位移(单位:mm)　　表7-23

项目	水平位移		竖向位移	
	向跨中	向边跨	向上	向下
塔顶	237.9	164.4		
主梁(中跨)			228.2	610.8
主梁(边跨)			415.6	473.1

6)支座校核

使用阶段,最大支座反力均小于支座设计承载力,满足规范要求。计算结果见表7-24。

最大支座反力计算结果(单位:kN)　　　　　表7-24

墩号	1号支座	2号支座	设计承载力
边跨支座	8890	8890	12500
桥塔处支座	4934	4934	7000

7)伸缩缝校核

主桥梁端在使用阶段各工况下的位移见表7-25。

主梁梁端位移计算结果(单位:cm)　　　　　表7-25

工　况	主梁梁端	合　计
环境温度	±17.69	
制动力	±8.02	127.2
纵向风载	±8.01	
汽车荷载	-29.43/30.29	

伸缩缝设计伸缩量1680mm,满足要求。

7.2.3　持久状况承载能力极限状态计算

1)主梁抗弯承载力计算

对主梁在承载能力基本组合作用下进行计算,承载能力极限状态主梁最大应力分布如图7-5所示,承载能力极限状态主梁最小应力分布如图7-6所示。

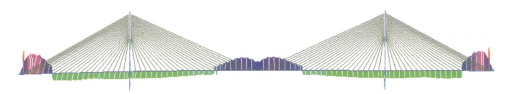

图7-5　承载能力极限状态主梁最大应力分布图

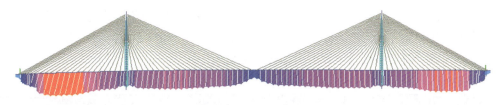

图7-6　承载能力极限状态主梁最小应力分布图

计算结果表明,承载能力极限状态主梁组合截面最大拉应力242.3MPa,最大压应力247.7MPa,均小于钢材抗弯强度设计值305MPa,满足要求。

2)主梁抗剪承载力计算

对主梁在承载能力基本组合作用下抗剪承载力进行计算,主梁最大剪力设计值为1.1×17674 = 19412kN,小于主梁竖向抗剪承载力2700×80×165/1000 = 35640kN,满足要求。

3)承载能力极限状态主塔强度计算

承载能力极限状态下,主塔塔身正截面抗压承载力计算结果分别见表7-26、表7-27。

承载能力极限状态下主塔塔身正截面抗压承载力计算结果（纵桥向） 表7-26

位置	轴心受压工况			弯矩最大工况			弯矩最小工况		
	作用(kN)	抗力(kN)	是否满足	作用(kN·m)	抗力(kN·m)	是否满足	作用(kN·m)	抗力(kN·m)	是否满足
下塔柱	421859	904270	满足	347864	556227	满足	393232	579169	满足
中塔柱	351367	658758	满足	287605	422018	满足	329213	523589	满足
上塔柱	248943	355474	满足	200749	242239	满足	238587	315496	满足

承载能力极限状态下主塔塔身正截面抗压承载力计算结果（横桥向） 表7-27

位置	轴心受压工况			弯矩最大工况			弯矩最小工况		
	作用(kN)	抗力(kN)	是否满足	作用(kN·m)	抗力(kN·m)	是否满足	作用(kN·m)	抗力(kN·m)	是否满足
下塔柱	393152	774911	满足	366818	638301	满足	324631	628090	满足
中塔柱	351261	650731	满足	340045	534165	满足	277846	519406	满足
上塔柱	248923	355474	满足	208927	333794	满足	232263	383532	满足

计算结果表明，承载能力极限状态下，主塔塔身正截面抗压承载力满足要求。

7.2.4 钢主梁抗疲劳计算

疲劳荷载采用等效的车道荷载，集中荷载为 $0.7P_k$，均布荷载为 $0.3q_k$，并考虑多车道影响。按照《公路钢结构桥梁设计规范》（JTG D64—2015）中第5.5.4条规定进行计算，采用疲劳荷载计算模型Ⅰ时计算得出钢主梁最大正应力幅 $\Delta\sigma_p = 69.5\text{MPa}$，经查正应力常幅疲劳极限 $\Delta\sigma_D = 95\text{MPa}$，$\Delta\sigma_p > \Delta\sigma_D/1.35$；最大剪应力幅 $\Delta\tau_p = 18.5\text{MPa}$，经查 $\Delta\tau_L = 35\text{MPa}$，$\Delta\tau_L > \Delta\tau_p/1.35$；满足疲劳荷载模型Ⅰ要求。

7.2.5 桥面板承载能力计算

对主桥桥面板抗弯承载能力进行计算，取小纵梁和横梁之间的桥面板建立模型进行分析，桥面板温度变化按照环境温度升降温18℃、上下缘温度梯度10℃考虑，汽车荷载按照车辆荷载后轴进行加载。桥面板抗弯承载能力计算结果见表7-28。

桥面板抗弯承载能力计算结果 表7-28

控制截面	纵桥向			横桥向		
	抗力(kN·m)	作用(kN·m)	抗力/作用	抗力(kN·m)	作用(kN·m)	抗力/作用
跨中截面	115.1	74.1	1.55	102.9	63.9	1.61

计算结果表明，主桥桥面板抗弯承载能力满足要求。

7.2.6 斜拉索断索状况下的分析

假定在运营过程中，发生一对拉索失效的最不利状况。在此状况下，查看拉索、主梁和主塔的受力情况，拉索失效位置选择边主跨最外侧一对拉索（B23、Z23）、边主跨最内侧一对拉索

(B01、Z01)以及边主跨中间的一对拉索(B12、Z12)。

1) B23 拉索失效状况下计算结果

(1) B23 拉索失效状况下其余拉索应力计算结果。

B23 拉索失效状况下其余拉索最大应力 793.6MPa,发生在失效索附近,最小安全系数 2.3。

(2) B23 拉索失效状况下主梁应力计算结果。

B23 拉索失效状况下,主梁最大拉应力 191.5MPa,最大压应力 240.9MPa,均小于钢材抗弯强度设计值 305MPa,满足要求。

(3) B23 拉索失效状况下主塔正截面抗压承载力计算结果。

B23 拉索失效状况下主塔正截面抗压承载力满足要求,计算结果见表 7-29。

B23 拉索失效状况下主塔正截面抗压承载力计算结果(顺桥向)　　表 7-29

位置	轴心受压工况			弯矩最大工况			弯矩最小工况		
	作用(kN)	抗力(kN)	是否满足	作用(kN·m)	抗力(kN·m)	是否满足	作用(kN·m)	抗力(kN·m)	是否满足
下塔柱	418898	904270	满足	409969	544708	满足	326444	576754	满足
中塔柱	348482	658758	满足	339353	406952	满足	272906	533930	满足
上塔柱	246285	355474	满足	237509	241315	满足	197578	328808	满足

2) Z23 拉索失效状况下计算结果

(1) Z23 拉索失效状况下其余拉索应力计算结果。

Z23 拉索失效状况下其余拉索最大应力 814.9MPa,发生在失效索附近,最小安全系数 2.3。

(2) Z23 拉索失效状况下主梁应力计算结果。

Z23 拉索失效状况下,主梁最大拉应力 228.2MPa,最大压应力 218.8MPa,均小于钢材抗弯强度设计值 305MPa,满足要求。

(3) Z23 拉索失效状况下主塔正截面抗压承载力计算结果。

Z23 拉索失效状况下主塔正截面抗压承载力满足要求,计算结果见表 7-30。

Z23 拉索失效状况下主塔正截面抗压承载力计算结果(顺桥向)　　表 7-30

位置	轴心受压工况			弯矩最大工况			弯矩最小工况		
	作用(kN)	抗力(kN)	是否满足	作用(kN·m)	抗力(kN·m)	是否满足	作用(kN·m)	抗力(kN·m)	是否满足
下塔柱	417914	904270	满足	344641	566887	满足	390083	581536	满足
中塔柱	347529	658758	满足	284442	436032	满足	326117	504479	满足
上塔柱	245464	355474	满足	197538	262407	满足	235797	298190	满足

3) B01 拉索失效状况下计算结果

(1) B01 拉索失效状况下其余拉索应力计算结果。

B01 拉索失效状况下其余拉索最大应力 719.4MPa,最小安全系数 2.6。

(2)B01 拉索失效状况下主梁应力计算结果。

B01 拉索失效状况下,主梁最大拉应力 203.4MPa,最大压应力 205.7MPa,均小于钢材抗弯强度设计值 305MPa,满足要求。

(3)B01 拉索失效状况下主塔正截面抗压承载力计算结果。

B01 拉索失效状况下主塔正截面抗压承载力满足要求,计算结果见表 7-31。

B01 拉索失效状况下主塔正截面抗压承载力计算结果(顺桥向)　　表 7-31

位置	轴心受压工况			弯矩最大工况			弯矩最小工况		
	作用(kN)	抗力(kN)	是否满足	作用(kN·m)	抗力(kN·m)	是否满足	作用(kN·m)	抗力(kN·m)	是否满足
下塔柱	421652	904270	满足	347704	555601	满足	393095	579074	满足
中塔柱	347760	658758	满足	284579	416430	满足	325933	521637	满足
上塔柱	245451	355474	满足	197736	235336	满足	235336	314759	满足

4)Z01 拉索失效状况下计算结果

(1)Z01 拉索失效状况下其余拉索应力计算结果。

Z01 拉索失效状况下其余拉索最大应力 720.7MPa,最小安全系数 2.6。

(2)Z01 拉索失效状况下主梁应力计算结果。

Z01 拉索失效状况下,主梁最大拉应力 203.2MPa,最大压应力 205.4MPa,均小于钢材抗弯强度设计值 305MPa,满足要求。

(3)Z01 拉索失效状况下主塔正截面抗压承载力计算结果。

Z01 拉索失效状况下主塔正截面抗压承载力满足要求,计算结果见表 7-32。

Z01 拉索失效状况下主塔正截面抗压承载力计算结果(顺桥向)　　表 7-32

位置	轴心受压工况			弯矩最大工况			弯矩最小工况		
	作用(kN)	抗力(kN)	是否满足	作用(kN·m)	抗力(kN·m)	是否满足	作用(kN·m)	抗力(kN·m)	是否满足
下塔柱	421662	904270	满足	347706	556873	满足	393106	579271	满足
中塔柱	347872	658758	满足	284923	419163	满足	325643	519058	满足
上塔柱	245511	355474	满足	198128	240313	满足	234997	310254	满足

5)B12 拉索失效状况下计算结果

(1)B12 拉索失效状况下其余拉索应力计算结果。

B12 拉索失效状况下其余拉索最大应力 848.6MPa,最小安全系数 2.2。

(2)B12 拉索失效状况下主梁应力计算结果。

B12 拉索失效状况下,主梁最大拉应力 198.7MPa,最大压应力 221.7MPa,均小于钢材抗弯强度设计值 305MPa,满足要求。

(3)B12 拉索失效状况下主塔正截面抗压承载力计算结果。

B12 拉索失效状况下主塔正截面抗压承载力满足要求,结果见表 7-33。

B12 拉索失效状况下主塔正截面抗压承载力计算结果(顺桥向) 表 7-33

位置	轴心受压工况			弯矩最大工况			弯矩最小工况		
	作用 (kN)	抗力 (kN)	是否满足	作用 (kN·m)	抗力 (kN·m)	是否满足	作用 (kN·m)	抗力 (kN·m)	是否满足
下塔柱	421695	904270	满足	347721	560492	满足	393257	579984	满足
中塔柱	351344	658758	满足	287570	426923	满足	329340	517691	满足
上塔柱	249060	355474	满足	200852	246118	满足	238681	312407	满足

6) Z12 拉索失效状况下计算结果

(1) Z12 拉索失效状况下其余拉索应力计算结果。

Z12 拉索失效状况下其余拉索最大应力 776.9MPa,最小安全系数 2.4。

(2) Z12 拉索失效状况下主梁应力计算结果。

Z12 拉索失效状况下,主梁最大拉应力 202.9MPa,最大压应力 205.5MPa,均小于钢材抗弯强度设计值 305MPa,满足要求。

(3) Z12 拉索失效状况下主塔正截面抗压承载力计算结果。

Z12 拉索失效状况下主塔正截面抗压承载力满足要求,计算结果见表 7-34。

Z12 拉索失效状况下主塔正截面抗压承载力计算结果(顺桥向) 表 7-34

位置	轴心受压工况			弯矩最大工况			弯矩最小工况		
	作用 (kN)	抗力 (kN)	是否满足	作用 (kN·m)	抗力 (kN·m)	是否满足	作用 (kN·m)	抗力 (kN·m)	是否满足
下塔柱	421580	904270	满足	347648	556777	满足	393119	579305	满足
中塔柱	351212	658758	满足	287490	422459	满足	329175	522929	满足
上塔柱	248929	355474	满足	200715	241406	满足	238573	316157	满足

7) 计算结论

通过对运营过程中拉索失效的三种状况进行计算,计算结果表明,边索失效时对整个结构影响较大,其中边跨边索(B23)失效时对主塔和主梁更不利,主梁最大应力增幅为 17.3%,其余状况主梁应力增幅均小于 10%。

7.2.7 过渡墩计算

1) 关键计算参数

(1) 上部结构重力。

(2) 上部结构活载。

(3) 制动力。

(4) 原结构体内预应力。

(5) 温度作用。

(6) 混凝土收缩徐变。

2) 盖梁计算结果

(1) 承载能力极限状态正截面抗弯承载能力计算。

在最不利荷载组合下,盖梁各控制截面抗弯承载能力计算结果见表7-35。

盖梁各控制截面抗弯承载能力计算结果（单位:kN·m）　　　表7-35

控制截面位置	计算弯矩 M_j	抗力 M_u	M_u/M_j
墩顶支点	105374.6	138258.9	1.31
盖梁跨中	12199.0	42233.3	3.46
盖梁1/4跨	67282.1	138142.5	2.05

（2）承载能力极限状态斜截面抗剪承载能力计算。

在最不利荷载组合下,盖梁各控制截面抗剪承载能力计算结果见表7-36。

盖梁各控制截面抗剪承载能力计算结果（单位:kN·m）　　　表7-36

控制截面位置	计算剪力 N_j	抗力 N_u	N_u/N_j
墩顶支点	19975.0	31270.9	1.57
盖梁1/4跨截面	6627.3	27579.9	4.16

（3）盖梁正截面混凝土抗裂计算。

在短期组合下,盖梁截面处于全截面受压状态,满足规范限值。

（4）盖梁斜截面混凝土抗裂计算。

在短期组合下,盖梁斜截面混凝土主拉应力 0.39MPa < 0.5f_{tk} = 1.2MPa,其中 f_{tk} 为混凝土轴心抗拉强度标准值满足规范要求。

（5）盖梁正截面混凝土压应力计算。

在标准组合下,盖梁截面最大压应力为 10.52MPa ≤ 0.5f_{ck} = 13.4MPa,其中 f_{ck} 为混凝土轴心抗压强度标准值满足规范限值。

（6）盖梁混凝土主压应力计算。

在标准组合下,盖梁截面最大主压应力达到 10.76MPa ≤ 0.6f_{ck} = 16.08MPa,满足规范限值。

3）桥墩墩柱计算

对过渡墩墩底截面进行计算,墩身采用5.4m×5m矩形空心墩,墩底截面强度及裂缝宽度计算结果均满足设计规范要求。

在承载能力极限状态下,桥墩墩身正截面强度均满足规范要求。在正常使用极限状态下,墩身截面最大裂缝宽度满足规范要求。

7.2.8　桩基计算

1）11号索塔桩基计算

（1）单桩（摩擦桩）轴向受压承载力计算。

11号索塔群桩在纵桥向弯矩最大工况下按钻孔0（ZK0）计算,单桩最大反力见表7-37。

11号索塔单桩最大反力　　　表7-37

荷载工况	方　向	轴力(kN)	弯矩(kN·m)	水平力(kN)	单桩最大反力(kN)
纵桥向弯矩最大工况	横桥向	833173.40	318538.45	3272.63	14517.2
	顺桥向	833173.40	1741339.79	11965.60	19132.4

故采用19132.4kN作为计算桩长桩顶力,桩长计算结果如下。

索塔桩基按照摩擦桩设计,安全系数 K 为1.40。索塔桩基桩长计算结果见表7-38。

索塔桩基桩长计算结果　　　　　表7-38

墩　号	采用钻孔	桩　长	单桩竖向承载力容许值 R_a (kN)	K
11号索塔	ZK0	65m	26851.6	1.40

11号索塔群桩在纵桥向弯矩最大工况下按钻孔1(ZK1)计算,单桩最大反力计算结果见表7-39。

11号索塔单桩最大反力计算结果　　　　　表7-39

荷载工况	方　向	轴力(kN)	弯矩(kN·m)	水平力(kN)	单桩最大反力(kN)
纵桥向弯矩最大工况	横桥向	833173.40	318538.45	3272.63	14517.3
	顺桥向	833173.40	1741339.79	11965.60	19132.5

故采用19132.5kN作为计算桩长桩顶力,桩长计算结果如下。

索塔桩基按照摩擦桩设计,安全系数 K 为1.37。索塔桩基桩长计算结果见表7-40。

索塔桩基桩长计算结果　　　　　表7-40

墩　号	采用钻孔	桩　长	R_a (kN)	K
11号索塔	ZK1	65m	26287.7	1.37

11号索塔群桩在纵桥向弯矩最大工况下按钻孔2(ZK2)计算,单桩最大反力计算结果见表7-41。

11号索塔单桩最大反力计算结果　　　　　表7-41

荷载工况	方　向	轴力(kN)	弯矩(kN·m)	水平力(kN)	单桩最大反力(kN)
纵桥向弯矩最大工况	横桥向	833173.40	318538.45	3272.63	14517.3
	顺桥向	833173.40	1741339.79	11965.60	19135.6

故采用19135.6kN作为计算桩长桩顶力,桩长计算结果如下。

索塔桩基按照摩擦桩设计,安全系数 K 为1.41。索塔桩基桩长计算结果见表7-42。

索塔桩基桩长计算结果　　　　　表7-42

墩　号	采用钻孔	桩　长	R_a (kN)	K
11号索塔	ZK2	65m	26920.8	1.41

(2)群桩(摩擦桩)作为整体基础计算。

群桩(摩擦桩)作为整体基础时,计算结果如下。

桩端平面处的平均压应力2012.2≤3284.1kPa,满足规范要求。

桩端平面处的最大压应力2087.6≤3284.1kPa,满足规范要求。

(3)索塔桩基截面承载力计算。

11号索塔群桩基础根据钻孔2的地质情况计算,结果如下。

桩顶最大轴力为19135.6kN,出现在1~10号桩基;桩顶最小轴力为8636.8kN,出现在

51~60号桩基;桩顶截面最大弯矩为1599.1kN·m,土中截面最大弯矩为1116.0kN·m,出现在冲刷线以下3.512m位置。索塔桩基最大弯矩截面计算结果见表7-43。

索塔桩基最大弯矩截面计算结果   表7-43

计算截面	荷载工况		承载力		结论
桩顶截面	最大轴力(kN)	弯矩(kN·m)	轴力(kN)	弯矩(kN·m)	满足
	19135.6	1599.1	43515.08	3636.41	
	最小轴力(kN)	弯矩(kN·m)	轴力(kN)	弯矩(kN·m)	满足
	8636.8	1599.1	37098.46	6868.77	
土中最大弯矩截面	最大轴力(kN)	弯矩(kN·m)	轴力(kN)	弯矩(kN·m)	满足
	20163.2	1116.0	44206.00	2446.73	
	最小轴力(kN)	弯矩(kN·m)	轴力(kN)	弯矩(kN·m)	满足
	9664.4	1116.0	40035.43	4623.11	

2)12号索塔桩基计算

(1)单桩(摩擦桩)轴向受压承载力计算。

12号索塔群桩在纵桥向弯矩最大工况下按钻孔4(ZK4)计算,单桩最大反力计算结果见表7-44。

12号索塔单桩计算结果最大反力   表7-44

荷载工况	方向	轴力(kN)	弯矩(kN·m)	水平力(kN)	单桩最大反力(kN)
纵桥向弯矩最大工况	横桥向	788638.25	317495.69	3275.78	16531.6
	顺桥向	788638.25	1681141.63	12067.02	22899.2

故采用22899.2kN作为计算桩长桩顶力,桩长计算结果如下。

索塔桩基按照摩擦桩设计,安全系数K为1.42。索塔桩基桩长计算结果见表7-45。

索塔桩基桩长计算结果   表7-45

墩号	采用钻孔	桩长	R_a(kN)	K
12号索塔	ZK4	56m	32597.6	1.42

12号索塔群桩在纵桥向弯矩最大工况下按钻孔5(ZK5)计算,单桩最大反力计算结果见表7-46。

12号索塔单桩最大反力计算结果   表7-46

荷载工况	方向	轴力(kN)	弯矩(kN·m)	水平力(kN)	单桩最大反力(kN)
纵桥向弯矩最大工况	横桥向	788638.25	317495.69	3275.78	16531.6
	顺桥向	788638.25	1681141.63	12067.02	22899.2

故采用22899.2kN作为计算桩长桩顶力,桩长计算结果如下。

索塔桩基按照摩擦桩设计,安全系数K为1.37。索塔桩基桩长计算结果见表7-47。

索塔桩基桩长计算结果   表7-47

墩号	采用钻孔	桩长	R_a(kN)	K
12号索塔	ZK5	56m	31469.8	1.37

12号索塔群桩在纵桥向弯矩最大工况下按钻孔6(ZK6)计算,单桩最大反力计算结果见表7-48。

12号索塔单桩最大反力计算结果 表7-48

荷载工况	方 向	轴力(kN)	弯矩(kN·m)	水平力(kN)	单桩最大反力(kN)
纵桥向弯矩最大工况	横桥向	788638.25	317495.69	3275.78	16531.5
	顺桥向	788638.25	1681141.63	12067.02	22898.3

故采用22898.3kN作为计算桩长桩顶力,桩长计算结果如下。

索塔桩基按照摩擦桩设计,安全系数K为1.35。索塔桩基桩长计算结果见表7-49。

索塔桩基桩长计算结果 表7-49

墩 号	采用钻孔	桩 长	R_a(kN)	K
12号索塔	ZK6	56m	30843.2	1.35

(2)群桩(摩擦桩)作为整体基础计算。

群桩(摩擦桩)作为整体基础时,计算结果如下。

桩端平面处的平均压应力1917.6≤2723.7kPa,满足规范要求。

桩端平面处的最大压应力2027.6≤2723.7kPa,满足规范要求。

(3)索塔桩基截面承载力计算。

12号索塔群桩基础根据钻孔4的地质情况计算,结果如下。

桩顶最大轴力为22899.2kN,出现在1~10号桩基;桩顶最小轴力为8646.3kN,出现在41~50号桩基;桩顶截面最大弯矩为2009.3kN·m,土中截面最大弯矩为1500.2kN·m,出现在冲刷线以下3.385m位置。索塔桩基最大弯矩截面计算结果见表7-50。

索塔桩基最大弯矩截面计算结果 表7-50

计算截面	荷载工况		承 载 力		结 论
桩顶截面	最大轴力(kN)	弯矩(kN·m)	轴力(kN)	弯矩(kN·m)	满足
	22899.2	2009.3	42914.54	3765.55	
	最小轴力(kN)	弯矩(kN·m)	轴力(kN)	弯矩(kN·m)	满足
	8646.3	2009.3	33756.55	7844.63	
土中最大弯矩截面	最大轴力(kN)	弯矩(kN·m)	轴力(kN)	弯矩(kN·m)	满足
	24005.3	1500.2	43323.49	2707.48	
	最小轴力(kN)	弯矩(kN·m)	轴力(kN)	弯矩(kN·m)	满足
	9752.4	1500.2	36882.55	5673.60	

7.2.9 承台计算

1)11号索塔承台计算

(1)按"撑杆-系杆体系"计算撑杆的抗压承载力和系杆的抗拉承载力。承台横桥向撑杆-系杆体系计算结果显示,撑杆抗压承载力及系杆抗压承载力均满足设计规范要求。

(2) 承台纵桥向按"梁式体系"计算正截面抗弯承载力。

承台桩中距为5m,小于3倍桩直径,故承台截面计算宽度取承台全宽,即49m。

纵桥向第一排桩竖向力设计值:$N_{1d} = 19135.6 \text{kN}$。

纵桥向第一排桩中心线至计算截面的距离:$y_{z1} = 6.45 \text{m}$。

纵桥向第二排桩竖向力设计值:$N_{1d} = 17035.9 \text{kN}$。

纵桥向第二排桩中心线至计算截面的距离:$y_{z1} = 1.45 \text{m}$。

承台计算截面弯矩设计值:$M_{zcd} = åN_{1d}y_{z1} = 19135.6 \times 6.45 \times 10 + 17035.9 \times 1.45 \times 10 = 1481266.8 \text{kN} \cdot \text{m}$。

11号索塔承台纵桥向抗弯承载能力计算结果见表7-51。

11号索塔承台纵桥向抗弯承载能力计算结果　　　表7-51

计算截面	抗力 M_u(kN·m)	计算弯矩 M_j(kN·m)	M_u/M_j
顺桥向塔柱边缘截面	1611285.4	1481266.8	1.09

(3)承台斜截面抗剪承载力计算。

对承台斜截面抗剪承载能力进行计算,11号索塔承台横桥向斜截面抗剪承载力及纵桥向斜截面抗剪承载力均满足设计规范要求。

(4)承台冲切承载力计算。

对承台冲切承载能力进行计算,结果显示,柱或墩台向下冲切承台的冲切承载能力满足设计规范要求;角桩向上冲切承台的冲切承载能力满足设计规范要求;边桩向上冲切承台的冲切承载能力满足设计规范要求。

2)12号索塔承台计算

(1)按"撑杆-系杆体系"计算撑杆的抗压承载力和系杆的抗拉承载力。承台横桥向撑杆-系杆体系承载能力和承台纵桥向撑杆-系杆体系承载能力计算结果均满足设计规范要求。

(2)承台斜截面抗剪承载力计算。

对承台斜截面抗剪承载能力进行计算,计算结果显示,12号索塔承台横桥向斜截面抗剪承载能力及纵桥向斜截面抗剪承载能力计算结果均满足设计规范要求。

(3)承台冲切承载力计算。

对承台冲切承载能力进行计算,结果显示,柱或墩台向下冲切承台的冲切承载能力满足设计规范要求;角桩向上冲切承台的冲切承载能力满足设计规范要求;边桩向上冲切承台的冲切承载能力满足设计规范要求。

7.3 局部计算分析

7.3.1 锚拉板计算

锚拉板作为斜拉索与钢主梁连接的主要受力构件,是全桥的主要受力点。锚拉板不同于钢锚箱,它直接焊接在钢主梁上缘顶板上,具有受力明确、施工简单、便于加工、易于维护的特点。锚拉板作为传力主要受力构件,且仅下缘与主梁焊接在一起,因此,其抗拉能力以及锚拉板与钢主梁、锚拉板与锚拉管焊接处抗剪能力直接关系整座桥的安全与稳定。鉴于此,为确保桥梁结构安全可靠,须对大桥锚拉板进行空间有限元分析,验证锚拉板结构尺寸的选择是否稳妥,以保证设计桥梁经济合理和安全有效。下面通过有限元分析程序,运用弹性理论对锚拉板进行建模计算分析。

1) 材料性能

Q420qD 材料的抗压弹性模量 $E = 2.06 \times 10^5 \mathrm{MPa}$;剪切模量 $G = 0.79 \times 10^5 \mathrm{MPa}$;泊松比 $\nu = 0.31$;线膨胀系数为 $1.2 \times 10^{-5}/\text{℃}$;相对密度 $\gamma = 78.5 \mathrm{kN/m^3}$。Q420qD 材料强度设计值见表 7-52。

Q420qD 材料强度设计值 表 7-52

材料		抗拉、抗压、抗弯强度 f_d	抗剪强度 f_{vd}	端面承压强度(刨平顶紧)f_{cd}
牌号	厚度(mm)			
Q420qD	≤16	335	195	390
	16~40	320	185	
	40~63	305	175	
	63~100	290	165	

2) 模型建立

以 12 号主塔处单个索面全部锚拉板[包括距主塔最近和最远以及跨中附近共计 46 个锚拉板(编号为 B01,…,B11,…,B23,Z01,…,Z11,…,Z23)]作为研究对象。B01 对应最大仰角 $\alpha = 80.9°$,索力为 3142.6kN;B11 对应最小仰角 $\alpha = 37°$,索力为 5156.5kN;B23 对应最小仰角 $\alpha = 28°$,索力为 8111.9kN。Z01 对应最大仰角 $\alpha = 80.9°$,索力为 3109.3kN;Z11 对应最小仰角 $\alpha = 37°$,索力为 5003.0kN;Z23 对应最小仰角 $\alpha = 25°$,索力为 7735.0kN。由于仰角不同,Z1(B1)锚拉板与主梁焊接处主要承受索力竖向分力(即拉力),而 Z23(B23)焊接处则主要承受索力水平分力(即剪力),其余锚拉板受力情况介于两者之间。

拉索穿过锚拉管锚固在管下缘锚垫板上。锚垫板将索力全部传递给锚拉管,再通过锚拉管两侧焊缝传力于锚拉板,然后由锚拉板最终将索力传递给钢主梁。初步拟定锚拉板前后设置 4 道加劲肋,肋厚 30~40mm,宽 300mm;钢主梁腹板对应锚拉板加劲肋也设置 4 道加劲肋,肋厚 22mm,宽 250mm,长为 640mm,锚拉板 B01~B11、Z01~B11 厚 40mm,B12~B23、Z12~B23 厚 60mm。钢材采用 Q420qD 钢。为建模方便,锚拉管及锚垫板用矩形代替,面积等效。

采用 SOLID45 实体单元建立有限元分析三维模型。SOLID45 是一个具有 8 节点的三维实体结构单元,每个节点在 X、Y、Z 方向有 3 个位移自由度。该单元可用于土木工程中模拟混凝土、钢材等结构。通过网格划分及有限元计算,可得到结构各细部的应力与位移值。建模过程中,根据圣维南原理对拉索锚固端的受力情况及锚拉板边界条件进行等效计算,使索力值等效为锚垫板上的均布压力荷载,均布压力荷载 f 可通过公式 $f = F/A$ 计算,其中 F 为成桥时拉索索力,A 为锚垫板受力面积。锚拉板底部与钢箱梁焊接,边界条件采用底部固结。

斜拉索对应锚拉板最大应力值计算结果见表7-53。

斜拉索对应锚拉板最大应力值计算结果 表7-53

拉索编号	最不利荷载组合索力（kN）	实际倾角（°）	Mises应力（MPa）	最大剪切应力（MPa）	最大位移（mm）	拉索编号	最不利荷载组合索力（kN）	实际倾角（°）	Mises应力（MPa）	最大剪切应力（MPa）	最大位移（mm）
B01	3142.6	81	122	62.7	0.77	Z01	3109.3	81	120	62.1	0.76
B02	3035.4	72	117	31.1	0.72	Z02	3076.1	72	118	61.9	0.73
B03	3237.7	65	124	61.0	0.80	Z03	3264.6	65	125	61.5	0.81
B04	3493.6	59	133	67.6	1.03	Z04	3499.8	59	133	67.8	1.03
B05	3656.4	54	140	73.7	1.38	Z05	3668.2	54	140	73.8	1.38
B06	3825.9	50	147	77.1	1.44	Z06	3842.2	50	147	77.3	1.45
B07	4187.2	46	165	82.9	1.84	Z07	4146.5	46	164	82.1	1.82
B08	4425.0	43	175	87.7	1.94	Z08	4358.0	43	172	86.3	1.91
B09	4675.2	41	185	92.6	2.05	Z09	4576.4	41	181	90.7	2.01
B10	4923.5	39	196	97.1	2.36	Z10	4793.1	38	191	94.5	2.30
B11	5156.5	37	205	102	2.47	Z11	5003.0	36	199	98.7	2.40
B12	5352.2	35	170	83.3	2.27	Z12	5202.3	35	166	81.0	2.21
B13	5606.6	34	178	87.3	2.38	Z13	5375.3	33	171	83.7	2.28
B14	5699.7	32	181	88.7	2.42	Z14	5610.8	32	179	87.3	2.38
B15	5743.4	31	185	87.9	2.51	Z15	5745.7	31	185	87.9	2.51
B16	5997.1	30	193	91.8	2.62	Z16	5864.4	30	188	89.8	2.56
B17	6160.7	29	198	94.3	2.69	Z17	6213.1	29	200	95.1	2.71
B18	6189.9	29	199	94.8	2.71	Z18	6358.6	28	204	97.3	2.78
B19	6589.7	28	209	97.8	2.97	Z19	6527.4	27	207	96.9	2.94
B20	6900.5	28	219	102	3.11	Z20	6715.0	26	213	99.7	3.03
B21	7221.0	28	229	107	3.26	Z21	6934.7	26	220	103	3.13
B22	7847.0	28	249	116	3.54	Z22	7364.4	25	234	109	3.32
B23	8111.9	28	258	120	3.66	Z23	7735.0	25	246	115	3.49

3) 结果分析

(1) 在设计荷载作用下，当B01~B23、Z01~Z23加载到各设计荷载时产生的位移很小，最大为3.66mm。

(2)锚拉板开槽部位是结构主要受力部位,应力较大。但在设计荷载下,应力皆在117~258MPa之间,满足钢材容许应力要求。

(3)通过弹塑性过程分析发现,随着应力加载出现以下特征:应力较大点均先出现在开槽倒角处和锚拉板中部最外侧(大致和锚拉板掏空部位下缘位置平行,以下简称外侧)。接着,由于加劲肋刚度加强的缘故,圆弧倒角处应力沿加劲肋内侧向下延伸加强,而外侧应力快速向底部延伸,而向上、横向延伸缓慢。当应力超过设计荷载一定数值时,两处应力贯通。锚拉板中部主要受拉应力作用,应力分布较不均匀;锚拉板底部焊缝处主要受剪应力作用。而当索力加载到一定数值时,塑性区域仍仅局限于此处很小范围,这说明本设计拟定尺寸合理,塑性区控制较好。

7.3.2 主塔钢锚梁及索塔锚固区计算

禹门口黄河公路大桥主桥拉索编号为1~23,设置了23节钢锚梁,1~23号斜拉索均锚固在钢锚梁上。钢锚梁均水平放置,每个钢锚梁锚固1对斜拉索。由于大桥索塔为门形塔,斜拉索为面内索,因此,斜拉索不存在面外水平分力。

钢锚梁及钢牛腿采用Q345qD钢材。钢锚梁采用闭口箱形断面,尺寸为670mm(高)×740mm(宽),腹板厚度为44mm,顶、底板及加劲板厚度为32mm,锚下腹板厚度为44mm,承压板厚度为50mm,锚垫板厚度为80mm,隔板厚度为20mm。钢牛腿采用剪力钉与塔柱内壁连接,每个钢锚梁直接支承在1对钢牛腿顶板上,通过高强螺栓形成固定连接。

1)材料性能

钢锚梁和钢牛腿采用Q345qD钢材:抗压弹性模量$E = 2.06 \times 10^5$MPa;剪切模量$G = 0.79 \times 10^5$MPa;泊松比$\nu = 0.31$;线膨胀系数为$1.2 \times 10^{-5}/℃$;相对密度$\gamma = 78.5$kN/m^3。Q345qD材料强度设计值见表7-54。

混凝土塔壁采用C50混凝土:弹性模量$E = 3.45 \times 10^5$MPa;泊松比$\nu = 0.2$;线膨胀系数为$1.0 \times 10^{-5}/℃$;相对密度$\gamma = 26$kN/m^3。

Q345qD材料强度设计值 表7-54

材料		抗拉、抗压、抗弯强度f_d	抗剪强度f_{vd}	端面承压(刨平顶紧)强度f_{cd}
牌号	厚度(mm)			
Q345qD	≤16	335	195	390
	16~40	320	185	
	40~63	305	175	
	63~100	290	165	

2)模型建立

本桥索塔锚固区采用钢锚梁+钢牛腿形式。为了研究分析牛腿和混凝土塔壁之间的受力影响,建立钢锚梁索塔锚固区节段部位的三维空间有限元模型进行计算。

斜拉索对应钢锚梁锚固体系最大应力值计算结果见表7-55。

斜拉索对应钢锚梁锚固体系最大应力值计算结果 表7-55

拉索编号	最不利荷载组合索力（kN）	实际倾角（°）	钢等效应力（MPa）	混凝土主应力（MPa）	最大位移（mm）	拉索编号	最不利荷载组合索力（kN）	实际倾角（°）	钢等效应力（MPa）	混凝土主应力（MPa）	最大位移（mm）
B01	3142.6	81	68.1	3.33	0.47	Z01	3109.3	81	67.4	3.30	0.47
B02	3035.4	72	68.7	2.65	0.42	Z02	3076.1	72	69.6	2.69	0.43
B03	3237.7	65	85.6	2.23	0.44	Z03	3264.6	65	86.3	2.25	0.44
B04	3493.6	59	92.3	2.41	0.47	Z04	3499.8	59	92.4	2.42	0.47
B05	3656.4	54	96.7	2.52	0.50	Z05	3668.2	54	97.0	2.53	0.50
B06	3825.9	50	109	1.31	0.48	Z06	3842.2	50	109	1.31	0.49
B07	4187.2	46	119	1.43	0.53	Z07	4146.5	46	118	1.42	0.52
B08	4425.0	43	126	1.51	0.56	Z08	4358.0	43	124	1.49	0.55
B09	4675.2	41	133	1.60	0.59	Z09	4576.4	41	130	1.56	0.58
B10	4923.5	39	140	1.68	0.62	Z10	4793.1	38	136	1.64	0.61
B11	5156.5	37	147	1.76	0.65	Z11	5003.1	36	142	1.71	0.63
B12	5352.2	35	130	1.89	0.61	Z12	5202.3	35	128	1.83	0.58
B13	5606.6	34	137	1.98	0.63	Z13	5375.3	33	130	2.10	0.61
B14	5699.7	32	137	2.23	0.64	Z14	5610.8	32	135	2.19	0.63
B15	5743.4	31	138	2.45	0.64	Z15	5745.4	31	138	2.25	0.65
B16	5997.1	30	143	2.35	0.67	Z16	5864.4	30	140	2.30	0.66
B17	6160.7	29	146	2.41	0.69	Z17	6213.1	29	147	2.43	0.70
B18	6189.9	29	147	2.43	0.69	Z18	6358.6	28	151	2.49	0.71
B19	6589.7	28	155	2.58	0.74	Z19	6527.4	27	154	2.56	0.73
B20	6900.5	28	162	2.71	0.77	Z20	6715.0	26	158	2.63	0.75
B21	7221.0	28	169	2.84	0.8	Z21	6934.7	26	163	2.72	0.77
B22	7847.0	28	182	3.08	0.87	Z22	7364.4	25	172	2.89	0.82
B23	8111.9	28	188	3.19	0.9	Z23	7735.0	25	180	3.04	0.86

3）结果分析

（1）在设计荷载作用下，当B01~B23、Z01~Z23加载到各设计荷载时产生的位移很小，最大为0.9mm。

（2）锚下腹板与钢锚梁腹板末端连接点是结构应力最大部位。在设计荷载下，应力皆在67.4~188MPa之间，满足钢材容许应力要求。

（3）与底钢板连接位置处混凝土应力区间范围为1.31~3.3MPa，其中应力较大区域出现在顶面完全约束的边界区域，该范围应力失真，须剔除该处失真数据。

7.3.3 主塔临时固结计算

本桥在施工阶段需要对主塔处主梁与主塔下横梁设置临时固结设施,该位置受力情况较为复杂,具有明显的应力空间效应,平面杆系方法较难真实反映结构受力状态,因此,采用空间有限元软件进行计算。

第一步,采用有限元软件模拟塔梁的临时固结节段以及对施工安装过程——"工"字形钢梁悬臂拼装至合龙进行全过程模拟分析,得出主塔各工况下受力最不利和对应的内力。

第二步,为研究在临时固结处主塔局部的受力情况,建立主塔局部细部模型。

第三步,把第一步分析得到的相应结果转化为面力和节点力,代入局部细部模型中的相应截面,求解得到主塔局部在施工主要阶段工况荷载作用下的受力结果。

1) 材料性能

支座垫石及混凝土主塔横梁采用 C50 混凝土:弹性模量 $E = 3.45 \times 10^5$ MPa;泊松比 $\nu = 0.2$;线膨胀系数为 1.0×10^{-5}/℃;相对密度 $\gamma = 26$ kN/m³。

地脚螺栓弹性模量 $E = 2 \times 10^6$ MPa;泊松比 $\nu = 0.3$。

2) 模型建立

本桥索塔处临时固结采用在下横梁处设置 4 个混凝土临时支座,将 0 号钢主梁通过钢梁的地脚螺栓与临时支座固结,使主梁与下横梁构成整体,来抵消悬臂施工中的不平衡弯矩和主梁水平分力。

混凝土横梁及支座垫石采用 SOLID45 单元,地脚螺栓采用 LINK8 单元模拟。建模中,根据圣维南原理对模型在混凝土横梁底面采用完全约束的边界条件,将最不利荷载加载到临时支座垫石顶面处。

3) 结果分析

(1) 经计算,在施工阶段最不利荷载作用下,临时固结处垫块及横梁处产生的位移很小,最大为 0.5mm。

(2) 经计算,在施工阶段最不利荷载作用下,临时固结处垫块及横梁处产生的主拉应力为 2MPa,在极限抗拉强度范围内,满足设计要求。

7.3.4 主塔横梁结合部计算

大桥主塔设置两道横梁,上、下横梁均采用等截面箱形截面。

主塔上、下横梁按 A 类构件进行计算,根据计算配置预应力钢束,采用塑料波纹管,辅助压浆法进行施工。

1) 材料性能

混凝土主塔塔身及横梁均采用 C50 混凝土:弹性模量 $E = 3.45 \times 10^5$ MPa;泊松比 $\nu = 0.2$;线膨胀系数为 1.0×10^{-5}/℃;相对密度 $\gamma = 26$ kN/m³。

2) 模型建立

本桥局部计算时考虑荷载及边界条件的复杂性,直接建立整个塔身及横梁,混凝土主塔及横梁采用 SOLID45 单元。建模过程中,对混凝土承台底面采用完全约束的边界条件,将最不利荷载从整体模型中提取,直接加载到距离上横梁约 2m 的位置。模型中未考虑横梁中钢筋的作用。

整体模型中上横梁作用效应取值见表7-56。

整体模型中上横梁作用效应取值　　　　　表 7-56

单 元	轴向 (kN)	剪力-y (kN)	剪力-z (kN)	力矩 (kN·m)	弯矩-y (kN·m)	弯矩-z (kN·m)
541	-166068	1134.13	5158.29	321.64	20558.27	-37078.8
542	-166137	-246.82	579.49	320.36	314029.7	5361.26
541	-177367	1133.99	-837.35	321.39	-302509	-37088.4
542	-177436	-246.96	-5416.14	320.12	-9037.59	5351.67

3)结果分析

(1)经计算,在最不利荷载作用下,主塔上横梁与上塔柱连接部位产生的主拉应力最大为2.55MPa,出现在上塔柱与上横梁交接倒角附近,此处应采用增设加强钢筋及防裂钢筋网等构造措施。

(2)经计算,在最不利荷载作用下,主塔下横梁与下塔柱连接部位产生的主拉应力最大为2.54MPa,出现在下塔柱与下横梁交接倒角附近,此处应采用增设加强钢筋及防裂钢筋网等构造措施。

7.4　动力分析与抗震

7.4.1　动力特性分析

1)边界约束条件

以 X 表示桥轴向,Y 表示桥横向,Z 表示桥竖向;0 表示自由,1 表示约束。边界约束条件见表7-57。

边界约束条件　　　　　表 7-57

自由度	X	Y	Z	θ_X	θ_Y	θ_Z
塔底与地面	1	1	1	1	1	1
塔上横梁与主梁	0	1	1	0	0	0
过渡墩与主梁	0	1	1	1	0	1

2)动力特性计算结果

成桥状态动力特性见表7-58。

成桥状态动力特性　　　　　表 7-58

振型序号	频率值(Hz)	振型描述
1	0.1062	主梁纵飘带竖弯
2	0.1990	主梁正对称竖弯
3	0.2379	主梁侧弯

续上表

振型序号	频率值(Hz)	振型描述
4	0.2597	主梁竖弯
5	0.4202	主梁竖弯
6	0.4274	主塔侧弯
7	0.4283	主塔扭转
8	0.4311	主塔扭转

7.4.2 抗震计算分析

为了确保大桥在偶然荷载地震作用下的结构安全性，先后对大桥开展了多次抗震分析计算，根据计算结果提出相应的抗震措施。

1）结构抗震特点

禹门口黄河公路大桥为半漂浮体系双塔双索面斜拉桥，通过对其抗震性能进行分析可知，该种桥型在加速度峰值较大的长周期地震波作用下，会产生较大的主塔塔底即边墩弯矩以及主梁两端纵桥向位移，因此，依据大桥结构特点，必须考虑减震措施，来降低其在地震作用下发生破坏的危险。

国内外大跨径斜拉桥的塔（墩）、梁之间设置的减震辅助装置主要有两类：一类是弹性连接装置，另一类是各类阻尼器。弹性连接装置的主要作用是提供弹性刚度，而不是耗能，虽然可以减小桥面系的位移，但是却会增大塔（墩）的内力响应；而阻尼器的作用主要是通过提供阻尼的手段减小主梁的位移，因为阻尼器自身可以耗能，所以不产生附加内力。

黏滞型阻尼器的主要工作原理是通过活塞的往复运动产生压力差，使内部的阻尼材料消耗能量产生阻尼力。阻尼器的阻尼系数 C 对阻尼器的性能影响很大，不同的阻尼系数对结构的响应影响也完全不同。通过阻尼器参数分析可知 $C=4200\text{kN}/(\text{m/s})$ 为本桥最优阻尼系数。在主塔塔梁连接处安装该阻尼器后，斜拉桥地震响应明显减小，减震效果显著，可以有效降低该桥在地震作用下发生破坏的危险性。

2）地震及断裂影响分析

工点处地震动峰值加速度为 $0.161g$，相当于地震基本烈度Ⅶ度，动反应谱特征周期为 0.46s。依据如下：

（1）地震动参数区划调查。本项目所在区域为陕西和山西交界处的禹门口，经查《中国地震动参数区划图》，地震动峰值加速度区划图显示该区域处于 $0.15g$ 范围；地震动反应谱特征周期区划图显示该区域处于 0.40s 范围。

（2）地质勘探。勘察设计初期，与项目所在区域地震局取得联系，查阅了项目所在区域的地震相关资料，确定工点处地震动峰值加速度为 $0.161g$，动反应谱特征周期为 0.46s。

（3）相邻桥梁调研。经调研，本项目上游420m处黄韩侯铁路新黄河特大桥与下游5km处龙门黄河大桥采用设计技术标准均为地震动峰值加速度为 $0.161g$，动反应谱特征周期为 0.46s。地震基本烈度Ⅶ度。

3)抗震设计

本项目主桥结构抗震计算采用加速度反应谱法,地震动峰值加速度为 0.161g,其他参数均按照《公路工程抗震规范》(JTG B02—2013)及《公路桥梁抗震设计细则》(JTG/T B02-01—2008)取值。其中,主桥抗震设防措施按照 9 级设计。抗震主要措施如下。

(1)结构采用半漂浮体系。

斜拉桥的结构支承体系按照主梁、桥塔间的结合方式不同分为全漂浮、半漂浮和塔梁固结 3 种。主桥采用抗震性能优异的半漂浮体系,通过纵向约束体系提供附加刚度或阻尼,减小结构的动力响应,有效抑制梁端和塔顶、塔底地震响应,从而达到减小结构地震反应的目的。为了减小地震对结构的受力影响,在主塔横梁位置设置与主梁连接的水平方向各设置一组黏滞型阻尼器,全桥共 8 套。

(2)钢横梁钢板加强设计。

横梁采用"工"字形截面。横梁与主梁顶底板保持垂直,标准间距为 4.0m。横梁上、下翼缘板宽度为 700mm,其中上翼缘板厚度为 28mm、32mm 两种,下翼缘板厚度为 32mm、40mm 两种,腹板厚度为 16mm、20mm、24mm 三种,在横梁腹板设一道水平加劲肋和若干道竖向加劲肋。对比类似项目,钢板厚度都做了一定程度的加强。为了方便施工过程中的运输,对 HL1、HL2、HL3 横梁采用分段栓接的方式。

结合地震仿真计算情况,对地震横向力作用较大的墩顶部位 HL0 钢横梁,为了保证该处横梁的横向整体性和稳定性,采取设置局部加劲并取消栓接的构造措施,并在索塔处设置横向支座。

(3)过渡墩选用具有抗拉拔功能支座。

在每个过渡墩处分别设置两个具有抗拉拔功能的支座,其构造如图 7-7 所示。其中,一个为双向活动支座,设计承载能力为 12.5MN,设计承拉能力为 1.25MN,纵桥向允许位移量为 ±900mm,横桥向允许位移量为 ±50mm,转角 θ 为 0.03rad;另一个为单向活动支座,设计承载能力为 12.5MN,设计承拉能力为 1.25MN,纵桥向允许位移量为 ±900mm,转角 θ 为 0.03rad。

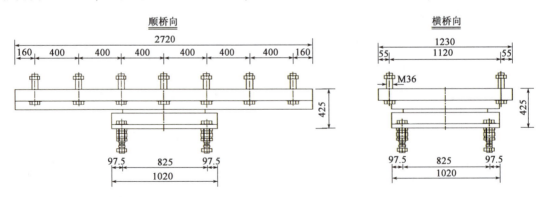

图 7-7 抗拉拔支座构造(尺寸单位:mm)

(4)桩基础持力层均置于强度较高的卵石层内。

大桥桥位勘察区地层在钻孔揭示深度范围内由第四系全新统杂填土(Q_4^{me})、冲洪积(Q_4^{2al+pl})细砂、粗砂、卵石,全更新统粉质黏土、粉土、粉砂、砾砂、卵石(Q_4^{1al+pl})、上更新统

(Q_4^{eol})黄土、(Q_3^{2al+pl})粉质黏土、细砂、碎石土,古生界绿泥石片岩及太古界花岗片麻岩(Ar)组成。

索塔基础为钻孔灌注桩,桩径为2.0 m;11号索塔基础共设基桩60根,桩长为65 m;12号索塔基础共设基桩50根,桩长为56 m;顺桥向、横桥向桩中心间距均为5.0 m,按摩擦桩设计。桩基础持力层均置于强度较高的卵石层内。东、西引桥及1/2主桥处地质构造及桩基布置示意图分别如图7-8、图7-9所示。

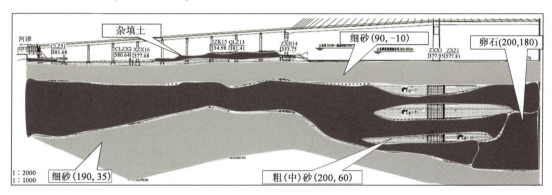

图7-8 东引桥及1/2主桥处地质构造及桩基布置示意图

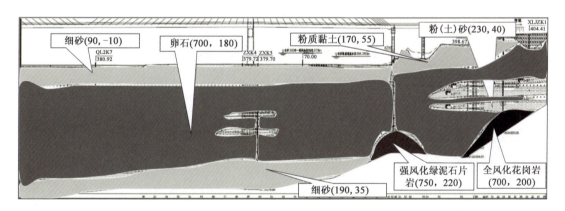

图7-9 西引桥及1/2主桥处地质构造及桩基布置示意图

4)其他抗震措施

本项目引桥结构抗震计算采用加速度反应谱法,地震动峰值加速度为0.161g,其他参数均按照《公路工程抗震规范》(JTG B02—2013)及《公路桥梁抗震设计细则》(JTG/T B02-01—2008)取值。引桥抗震设防措施按照8级设计。

(1)东引桥挡块加高设计。

装配式预应力混凝土组合箱梁常规挡块高度为50 cm,为了保证遭遇地震时避免落梁,挡块加高至60 cm。

(2)西引桥钢结构防落梁措施。

西引桥为预应力混凝土连续梁结构,采用了质量较轻的钢结构防落梁构造。钢结构防落梁构造示意图如图7-10所示。

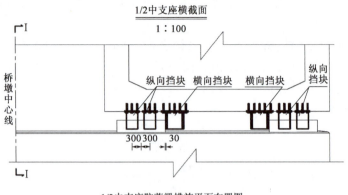

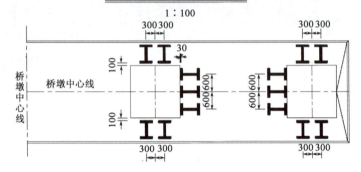

图 7-10　钢结构防落梁构造示意图(尺寸单位:mm)

(3)桩基础持力层均置于强度较高的卵石层内。

此处措施同主桥抗震措施,不再赘述。

7.4.3　断裂影响分析

1)地质调绘

本次勘察地质调绘韩城断裂距离测设 108 国道 K3+320 右边桩北西向约 240m 处,距离 12 号主塔(韩城岸)约 400m,断裂带垂直厚度约 100m,属张扭性断裂。大桥未跨越断裂带,测设黄河大桥与韩城断裂呈近平行关系,桥址区位于韩城断裂上盘。

2)对桥梁的影响

(1)本次勘察主河道控制性钻孔深度达 100m,在上部沉积粗粒土厚 80m 以下又出现重复细粒土,未见断裂带角砾岩和下盘基岩。主桥采用摩擦桩,设计桩长约 60m,持力层位于卵石层内,说明主桥距离断裂带较远。主桥斜拉桥桥型为半漂浮体系,基础沉降对上部主梁受力影响有限,同时斜拉索锚具可调、可换,结构设计中充分考虑了后期调、换索的情况。

(2)西引桥采用预应力混凝土现浇连续梁,与上游黄韩侯铁路新黄河特大桥引桥结构类型一致,且距断裂带更远。

(3)《公路桥梁抗震设计细则》(JTG/T B02-01—2008)第 4.1.9 条规定,桥梁工程场地范围内有发震断裂时,应对断裂的工程影响进行评价。当符合下列条件之一时,可不考虑发震断裂错动对桥梁的影响:

①抗震设防烈度小于Ⅷ度；
②非全新世活动断裂；
③抗震设防烈度为Ⅷ度和Ⅸ度时，前第四纪基岩隐伏断裂土层覆盖厚度分别大于60m和90m。

本项目符合第③条，即主桥超过90m，因此，可不考虑发震断裂错动对桥梁的影响。

7.4.4 抗震分析结果

1）抗震计算基本参数

本项目抗震计算基本参数见表7-59

抗震计算基本参数   表7-59

桥梁类别	抗震措施设防烈度	地震动峰值加速度	场地类别	桥梁分类
A类	Ⅷ	0.161g	Ⅱ类	非规则桥梁

2）E1、E2地震作用下反应谱

E1、E2地震作用下结构受力计算反应谱采用《公路桥梁抗震设计细则》(JTG/T B02-01—2008)中规定的设计加速度反应谱。

3）荷载工况

对E1、E2地震作用下桥塔及过渡墩进行抗震分析，对E2地震作用下主梁应力及斜拉索索力进行计算，抗震分析包括以下3种荷载工况：

（1）恒载+顺桥向反应谱；
（2）恒载+横桥向反应谱；
（3）恒载+竖向反应谱。

其中，恒载包括主梁、主塔及墩台自重、桥面铺装、护栏和预应力荷载。竖向反应谱按照《公路桥梁抗震设计细则》(JTG/T B02-01—2008)第5.2.5条规定，取水平向设计加速度反应谱0.5。

4）主梁应力计算

对E2地震作用下主梁应力进行计算，计算结果表明，E2地震作用下主梁最大拉应力为205.9MPa，最大压应力为253.0MPa，均小于钢材抗弯强度设计值305MPa；组合截面主梁梁顶位置处于受压状态，最大压应力为91.8MPa，换算为混凝土材料的应力为16.5MPa，小于混凝土材料正截面压应力限值19.25MPa，故满足要求。

5）斜拉索索力计算

对E2地震作用下斜拉索索力进行计算，计算结果见表7-60。

E2地震作用下斜拉索索力计算结果   表7-60

拉索编号	最大索力(kN)	破断荷载(kN)	安全度	拉索编号	最大索力(kN)	破断荷载(kN)	安全度
B01	3299.2	11117	3.37	B04	3936.6	11117	2.82
B02	3319.2	9566	2.88	B05	4118.6	11117	2.70
B03	3583.2	9566	2.67	B06	4250.9	11117	2.62

续上表

拉索编号	最大索力(kN)	破断荷载(kN)	安全度	拉索编号	最大索力(kN)	破断荷载(kN)	安全度
B07	4597.4	14220	3.09	Z04	3823.3	11117	2.91
B08	4727.5	14220	3.01	Z05	3993.0	11117	2.78
B09	4938.9	14220	2.88	Z06	4160.4	11117	2.67
B10	5257.3	14220	2.70	Z07	4521.5	14220	3.15
B11	5451.6	14220	2.61	Z08	4709.4	14220	3.02
B12	6045.0	15771	2.61	Z09	4895.7	14220	2.90
B13	5988.9	15771	2.63	Z10	5071.0	14220	2.80
B14	6005.9	15771	2.63	Z11	5240.6	14220	2.71
B15	6035.9	15771	2.61	Z12	5421.9	15771	2.91
B16	6749.4	18873	2.80	Z13	5609.5	15771	2.81
B17	6586.4	18873	2.87	Z14	5885.2	15771	2.68
B18	6410.1	18873	2.94	Z15	6050.2	15771	2.61
B19	6597.1	18873	2.86	Z16	6192.2	18873	3.05
B20	6804.4	18873	2.77	Z17	6387.7	18873	2.95
B21	7003.1	21976	3.14	Z18	6482.2	18873	2.91
B22	7442.2	23527	3.16	Z19	6572.1	18873	2.87
B23	7516.6	23527	3.13	Z20	6692.4	18873	2.82
Z01	3300.6	11117	3.37	Z21	6833.4	18873	2.76
Z02	3342.4	9566	2.86	Z22	7216.9	21976	3.05
Z03	3545.0	9566	2.70	Z23	7660.4	23527	3.07

计算结果表明,在 E2 地震作用下,斜拉索索力安全系数最小为 2.61,故满足要求。

6)桥塔及过渡墩抗震分析

对桥塔下塔柱、中塔柱、上塔柱底部截面和过渡墩底部截面进行了正截面抗压承载力计算,对桥塔下塔柱、中塔柱、上塔柱和过渡墩墩柱进行了斜截面抗剪强度计算。

(1)E1 地震作用下桥塔及过渡墩正截面抗压承载力计算。

E1 地震荷载作用下下塔柱、中塔柱、上塔柱底部截面和过渡墩底部截面正截面抗压承载力满足要求。E1 地震作用下桥塔及过渡墩正截面抗压承载力计算结果见表 7-61、表 7-62。

E1 地震作用下桥塔及过渡墩正截面抗压承载力计算结果(顺桥向) 表 7-61

位置	轴心受压工况			弯矩最大工况		
	作用(kN)	抗力(kN)	是否满足	作用(kN·m)	抗力(kN·m)	是否满足
下塔柱	361298	882248	是	361298	654704	是
中塔柱	299304	623626	是	299304	481550	是
上塔柱	202479	300262	是	202479	410918	是
过渡墩	31455	184964	是	31455	75811	是

E1 地震作用下桥塔及过渡墩正截面抗压承载力计算结果(横桥向)　　表 7-62

位置	轴心受压工况			弯矩最大工况		
	作用 (kN)	抗力 (kN)	是否满足	作用 (kN·m)	抗力 (kN·m)	是否满足
下塔柱	361298	799965	是	361298	428646	是
中塔柱	299304	473848	是	299304	346829	是
上塔柱	202479	478128	是	202479	267891	是
过渡墩	31455	180138	是	31455	73604	是

(2) E2 地震作用下桥塔及过渡墩正截面抗压承载力计算。

E2 地震荷载作用下下塔柱、中塔柱、上塔柱底部截面和过渡墩底部截面正截面抗压承载力满足要求。E2 地震作用下桥塔及过渡墩正截面抗压承载力计算结果见表 7-63、表 7-64。

E2 地震作用下桥塔及过渡墩正截面抗压承载力计算(顺桥向)　　表 7-63

位置	轴心受压工况			弯矩最大工况		
	作用 (kN)	抗力 (kN)	是否满足	作用 (kN·m)	抗力 (kN·m)	是否满足
下塔柱	407097	882248	是	407097	546146	是
中塔柱	336762	626347	是	336762	412999	是
上塔柱	221255	410918	是	221255	229359	是
过渡墩	39337	185294	是	39337	41354	是

E2 地震作用下桥塔及过渡墩正截面抗压承载力计算结果(横桥向)　　表 7-64

位置	轴心受压工况			弯矩最大工况		
	作用 (kN)	抗力 (kN)	是否满足	作用 (kN·m)	抗力 (kN·m)	是否满足
下塔柱	407097	949307	是	407097	603074	是
中塔柱	336762	682234	是	336762	433908	是
上塔柱	221255	507797	是	221255	227993	是
过渡墩	39337	179753	是	39337	40662	是

(3) E2 地震作用下桥塔及过渡墩斜截面抗剪强度计算。

E2 地震作用下下塔柱、中塔柱、上塔柱、过渡墩斜截面抗剪满足要求。E2 地震作用下桥塔及过渡墩斜截面抗剪强度计算结果见表 7-65。

E2 地震作用下桥塔及过渡墩斜截面抗剪强度计算结果　　表 7-65

位置	顺桥向			横桥向		
	作用 V_i (kN)	抗力 V_d (kN)	是否满足	作用 V_i (kN·m)	抗力 V_d (kN·m)	是否满足
下塔柱	21774.7	54306.2	是	36284.5	41559.9	是
中塔柱	15116.2	45890.8	是	15118.8	29672.4	是
上塔柱	9106.7	34116.9	是	10088.8	22353.2	是
过渡墩	9238.3	12458.5	是	15566.9	17640.6	是

7.4.5 地震分析结论

为了研究半漂浮体系组合梁斜拉桥在复杂场地条件下的地震响应以及相干效应、行波效应、场地效应三类空间效应对斜拉桥非一致激励响应的贡献,本项目基于不同的场地条件对大桥在考虑相干效应时的响应、考虑相干效应和行波效应时的响应、考虑相干效应和场地效应时的响应、考虑三种空间效应时的响应均进行了相关的专题研究工作,结论详见丛书第四篇创新篇。

7.5 稳定性分析

主桥结构稳定性分析主要考虑以下7种工况:
工况1:结构自重;
工况2:结构自重 + 主桥第一跨车道满载;
工况3:结构自重 + 主桥第二跨车道满载;
工况4:结构自重 + 横桥向风载;
工况5:结构自重 + 顺桥向风载;
工况6:主梁悬臂施工过程中一端起重机脱落;
工况7:裸塔施工阶段主塔稳定性。
经计算,在上述7种工况下,主桥结构稳定系数均满足规范要求。

第8章 复杂风环境全过程分析及设计

为保证禹门口黄河公路大桥在施工和运营期间的抗风安全性以及运营期间的舒适性,有必要对该桥的风特性进行实地观测,并开展风洞试验研究工作,对该桥抗风性能进行综合评价。

8.1 风特性观测

为了掌握禹门口黄河大桥桥位的风速实测资料,在桥位处安置VT-1相控阵多普勒雷达系统,进行风观测及数据采集,利用实地观测的风速资料进行风特性分析。具体风特性观测内容及数据详见丛书第四篇创新篇。

8.2 风洞试验

禹门口黄河公路大桥工程为三跨双塔双索面钢—混凝土组合梁斜拉桥,主跨为565m。主梁采用双"工"字形钢主梁结合桥面板的整体断面,主梁受力复杂,结构对风的作用敏感。桥位处风环境复杂,为了确保大桥施工阶段和成桥阶段的抗风安全以及运营期的舒适性,对大桥进行抗风专题研究具有十分重要的意义。

根据节段模型风洞试验,禹门口黄河公路大桥主桥采取封闭行车道两侧防撞护栏、封闭人行道栏杆、设置桥面板上中央、设置桥面板下中央、在工字形钢底设置水平隔流板等气动控制措施,抑制涡激共振和颤振。考虑到方案的经济性、施工难易程度,比选上述多种气动控制措施及组合,得出各方案涡激振动(竖向)最大幅值和颤振临界风速。

8.3 施工期间增设临时墩设计及研究

8.3.1 增设临时墩的必要性分析

2018年11月,考虑到施工合龙时间推迟,为进一步保证桥梁在最大双悬臂施工阶段的抗风稳定性,讨论采用施加临时墩方案,提高结构整体刚度。科研单位通过对比施工状态各梁段拼装时的动力特性以及最大双悬臂的动力特性,拟在1/2边跨、1/3边跨、1/4边跨处布置临时墩。根据科学技术研究报告《禹门口黄河公路大桥抗风性能研究》(长安大学,2018年)结论:"选用在1/3边跨处设置临时墩时,可以大幅提高主梁竖弯和扭转的频率,进而抵抗发散性风致振动(如颤振),建议施工方采用。"

8.3.2 增设临时墩的合理性分析

1)临时墩位置

通过对比施工状态各梁段拼装时的动力特性以及最大双悬臂的动力特性,拟在1/2边跨、1/3边跨、1/4边跨处布置临时墩。对比表8-1,最终确定的方案是在1/3边跨处布置临时墩。

在1/2边跨、1/3边跨、1/4边跨处设置临时墩动力特性对比　　表8-1

阶次	振型	最大双悬臂 频率(Hz)	1/2边跨 频率(Hz)	1/2边跨 变化率	1/3边跨 频率(Hz)	1/3边跨 变化率	1/4边跨 频率(Hz)	1/4边跨 变化率
1	主梁一阶反对称竖弯	0.1868	0.2642	41.43%	0.2973	59.16%	0.3166	69.49%
2	桥塔和主梁整体侧弯	0.2966	0.3794	27.91%	0.3783	27.52%	0.3771	27.14%
3	主梁侧弯	0.4307	0.4633	7.57%	0.4615	7.17%	0.4608	6.98%
4	主梁一阶正对称扭转	0.468	0.5105	9.08%	0.547	16.90%	0.5723	22.29%
5	主梁一阶正对称竖弯	0.504	0.5042	0.03%	0.5187	2.91%	0.5799	15.04%
6	主梁一阶反对称扭转	0.7651	0.7643	−0.10%	0.7863	2.77%	0.8694	13.63%

2)临时墩约束形式

根据最大双悬臂阶段抗风计算及风洞试验结果,临时墩安装在13号梁段主梁对应横梁位置,计算模型中以新增边界条件的方式考虑,临时墩约束措施为限制竖向、横向位移,纵向允许一定位移(实际结构顺桥向允许10cm位移量),如图8-1所示。

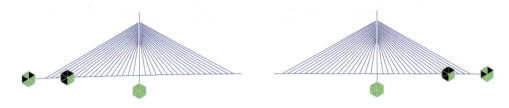

图 8-1 临时墩新增边界条件

3)临时墩安装、拆除时机控制

(1)临时墩安装时机。

临时墩安装在13号梁段,由于13号梁段施工工序较多,包括纵梁安装、横梁安装、斜拉索一张、桥面板架设、斜拉索二张、施工临时荷载、起重机前移和浇筑湿接缝;临时墩的安装时间对当前梁段的施工控制及临时墩施工过程的受力均有较大影响,通过计算确定在13号梁段二张完成后,安装临时墩较为有利。

(2)临时墩拆除时机。

临时墩在边跨合龙后对抗风性能贡献较小。为了减小对施工控制的影响,在18号梁段施工过程中进行临时墩拆除。根据临时支撑反力计算结果进行分析,确定了临时墩的拆除时机,拆除时间为18号梁段(含边主梁、钢横梁、小纵梁中央稳定板等构件)施工完成后。拆除时,以临时墩受力最小为原则。临时墩拆除时机选择如图8-2所示。

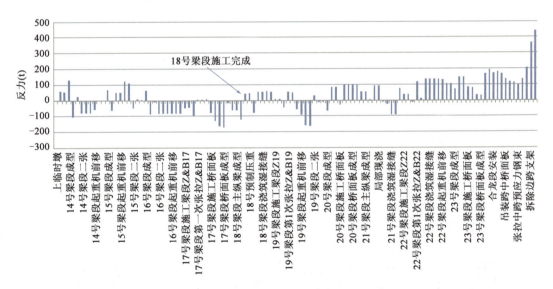

图 8-2 临时墩拆除时机选择

4)临时墩支反力控制

经监控、监控咨询、设计单位沟通一致后,临时墩安装的时机为13号索二张完成后,拆除时机为18号梁段边主梁、钢横梁、小纵梁及中央稳定板等钢构件全部安装完成后。主桥施工过程中,主桥上部传递给临时墩的竖向最大拉、压力见表8-2。

第8章 复杂风环境全过程分析及设计

施工过程中主桥上部传递给临时墩的竖向最大拉、压力　　　　　　表 8-2

计算项目	设计单位、监控单位、监控咨询单位沟通一致后取值
施工过程中主桥结构传递给临时墩的最大压力	+140t
施工过程中主桥结构传递给临时墩的最大拉力	-160t

注：主桥结构传递给临时墩的力，在表中临时墩受压为"+"，临时墩受拉为"-"。

5)增设临时墩对主桥结构影响

根据监控单位调整后的施工工序及施工过程中斜拉索的一张力、二张力计算至成桥阶段，对比增设临时墩前、后对主桥结构的影响。

(1)增设前后对施工期间主桥结构稳定系数影响。

主桥增设临时墩前、后稳定系数(静风稳定性)计算结果见表 8-3。增设临时墩前主桥稳定系数模型如图 8-3 所示，增设临时墩后主桥稳定系数模型如图 8-4 所示。

主桥增设临时墩前、后稳定系数(静风稳定性)计算结果　　　　　　表 8-3

分析项目	分析工况	荷载	主桥稳定系数(静风稳定性)	是否满足要求
增设临时墩前	主梁最大双悬臂	自重+临时荷载+横风	17.28	满足规范 $\lambda \geq 4$
增设临时墩后			17.69	

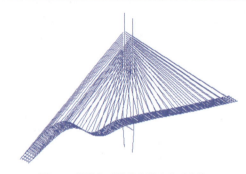

图 8-3　增设临时墩前主桥稳定系数模型

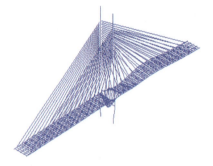

图 8-4　增设临时墩后主桥稳定系数模型

结论：增设临时墩后，主桥在最大双悬臂阶段，结构稳定系数(静风稳定性)较增设临时墩前有所提高，均满足要求；且根据长安大学风洞试验结果，选用在 1/3 边跨处设置临时墩时，可以大幅提高主梁竖弯和扭转的频率，进而抵抗发散性风致振动(如颤振)。

(2)增设前后对主塔应力影响。

主桥增设临时墩前后施工过程中及成桥阶段主塔应力对比见表 8-4。

增设临时墩前后施工过程中及成桥阶段主塔应力对比　　　　　　表 8-4

控制应力	原设计	重新调整施工工序	
		未设置临时墩	增设边跨临时墩
施工过程中最大应力(MPa)	-8.54	-8.81	-8.85
施工过程中最小应力(MPa)	0	0	0
成桥阶段最大应力(MPa)	-8.01	-8.23	-8.21
成桥阶段最小应力(MPa)	不出现拉应力	不出现拉应力	不出现拉应力

注：表中负值表示压应力，正值表示拉应力。

(3)增设前后对主塔纵桥向偏位影响。

主桥增设临时墩前后成桥阶段纵桥向塔顶偏位对比见表8-5。

增设临时墩前后成桥阶段纵桥向塔顶偏位对比　　　　　　表8-5

成桥阶段纵向塔偏位 (cm)	原设计	重新调整施工工序	
		未设置临时墩	增设边跨临时墩
11号索塔顶	4.4	2.1	1.6
12号索塔顶	4.7	2.9	2.5

注:表中正值表示主塔往中跨偏位,负值表示主塔往边跨侧偏位。

(4)增设前后对钢—混凝土组合梁应力的影响。

增设临时墩前后施工及成桥阶段钢—混凝土组合梁钢主梁应力对比见表8-6。增设临时墩前成桥阶段钢主梁截面上、下缘应力模型分别如图8-5、图8-6所示。

增设临时墩前后施工及成桥阶段钢—混凝土组合梁钢主梁应力对比　　　表8-6

控制应力	原设计	重新调整施工工序	
		未设置临时墩	增设边跨临时墩
施工过程中 截面上、下缘最大压应力(MPa)	−154.2	−170.0	−172.6
施工过程中 截面上、下缘最大拉应力(MPa)	125.1	112.6	112.6
成桥阶段应力截面上缘(MPa)	−87.9~−13.1	−136.0~−1.2	−134.3~−1.3
成桥阶段应力截面下缘(MPa)	−146.9~12.7	−111.8~30.7	−112.0~30.5

注:表中负值表示压应力,正值表示拉应力。

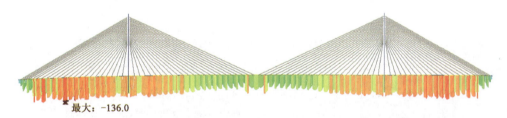

图8-5　增设临时墩前成桥阶段钢主梁截面上缘应力模型(单位:MPa)

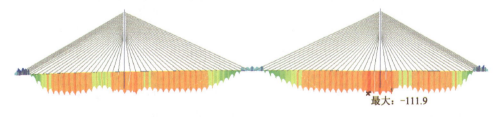

图8-6　增设临时墩前成桥阶段钢主梁截面下缘应力模型(单位:MPa)

增设临时墩后成桥阶段钢主梁截面上、下缘应力模型分别如图8-7、图8-8所示。

增设临时墩前后施工及成桥阶段钢—混凝土组合梁桥面板应力对比见表8-7。

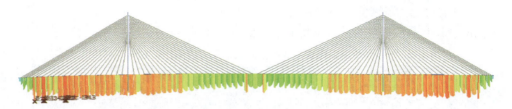

图 8-7 增设临时墩后成桥阶段钢主梁截面上缘应力模型(单位:MPa)

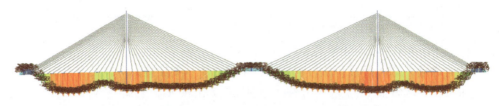

图 8-8 增设临时墩前成桥阶段钢主梁截面下缘应力模型(单位:MPa)

增设临时墩前后施工及成桥阶段钢—混凝土组合梁桥面板应力对比 表8-7

控制应力	原设计	重新调整施工工序	
		未设置临时墩	设置临时墩
施工过程中截面上、下缘最大压应力(MPa)	上、下缘拉应力≤2.0 −13.9(下缘)	最大拉应力1.5(截面上缘) −14.2(下缘)	最大拉应力1.5(截面上缘) −13.9(下缘)
成桥阶段应力截面上缘(MPa)	−13.9～−3.0	−13.6～−3.3	−13.5～−3.3
成桥阶段应力截面下缘(MPa)	−14.1～−2.6	−13.2～−2.6	−13.0～−2.6

注:表中负值表示压应力,正值表示拉应力。

(5)增设临时墩前后对斜拉索施工及成桥索力的影响。

增设临时墩前后施工及成桥阶段斜拉索索力对比见表8-8。

增设临时墩前后施工及成桥阶段斜拉索索力对比 表8-8

斜拉索编号	设计索力限值(kN)①	原设计方案			未设置临时墩			增设边跨临时墩			增设临时墩前后对成桥索力影响(⑥/④)×100%
		施工过程中最大索力(kN)②	安全系数(②/①)	成桥索力(kN)	施工过程中最大索力(kN)③	安全系数(③/①)	成桥索力(kN)④	施工过程中最大索力(kN)⑤	安全系数(⑤/①)	成桥索力(kN)⑥	
LB23	23527	6314	3.7	6208	6012	3.9	5992	6031	3.9	6011	0%
LB22	23527	6366	3.7	6298	6329	3.7	6312	6344	3.7	6327	0%
LB21	21976	6073	3.6	6032	6059	3.6	6045	6068	3.6	6055	0%
LB20	18873	6075	3.1	6051	6045	3.1	6024	6049	3.1	6027	0%
LB19	18873	5969	3.2	5922	5942	3.2	5935	5942	3.2	5935	0%
LB18	18873	5820	3.2	5805	5904	3.2	5902	5897	3.2	5894	0%
LB17	18873	5930	3.2	5936	5637	3.3	5616	5631	3.4	5609	0%
LB16	18873	6234	3.0	6075	5851	3.1	5787	5772	3.3	5708	−1%
LB15	15771	5639	2.8	5396	5536	2.8	5334	5379	2.9	5307	−1%

续上表

斜拉索编号	设计索力限值(kN)①	原设计方案			未设置临时墩			增设边跨临时墩			增设临时墩前后对成桥索力影响(⑥/④)×100%
		施工过程中最大索力(kN)②	安全系数(②/①)	成桥索力(kN)	施工过程中最大索力(kN)③	安全系数(③/①)	成桥索力(kN)④	施工过程中最大索力(kN)⑤	安全系数(⑤/①)	成桥索力(kN)⑥	
LB14	15771	5452	2.9	5268	5312	3.0	5148	5107	3.1	5028	−2%
LB13	15771	5344	3.0	5177	5103	3.1	4780	4993	3.2	4918	3%
LB12	15771	5426	2.9	5194	4803	3.3	4654	4813	3.3	4746	2%
LB11	14220	5111	2.8	4679	4793	3.0	4389	4793	3.0	4436	1%
LB10	14220	5038	2.8	4476	4392	3.2	4157	4392	3.2	4175	0%
LB09	14220	4843	2.9	4109	4590	3.1	4176	4590	3.1	4175	0%
LB08	14220	4645	3.1	3781	3908	3.6	3708	3908	3.6	3694	0%
LB07	14220	4474	3.2	3497	4315	3.3	3741	4315	3.3	3723	0%
LB06	11117	4158	2.7	3284	3755	3.0	3183	3755	3.0	3168	0%
LB05	11117	4006	2.8	3107	3780	2.9	3010	3780	2.9	2997	0%
LB04	11117	3905	2.8	2958	3363	3.3	2615	3363	3.3	2605	0%
LB03	9566	3691	2.6	2839	3251	2.9	2556	3251	2.9	2551	0%
LB02	9566	3402	2.8	2755	2933	3.3	2558	2933	3.3	2555	0%
LB01	11117	3317	3.4	2977	3086	3.6	2847	3086	3.6	2846	0%
LZ1	11117	3304	3.4	2952	3069	3.6	2810	3069	3.6	2811	0%
LZ2	9566	3430	2.8	2766	2933	3.3	2559	2933	3.3	2559	0%
LZ3	9566	3679	2.6	2832	3228	3.0	2577	3228	3.0	2577	0%
LZ4	11117	3865	2.9	2939	3192	3.5	2656	3192	3.5	2656	0%
LZ5	11117	3973	2.8	3113	3676	3.0	3032	3676	3.0	3032	0%
LZ6	11117	4132	2.7	3313	3754	3.0	3195	3754	3.0	3195	0%
LZ7	14220	4424	3.2	3496	4102	3.5	3593	4102	3.5	3593	0%
LZ8	14220	4610	3.1	3734	4037	3.5	3572	4037	3.5	3572	0%
LZ9	14220	4813	3.0	3972	4294	3.3	3813	4294	3.3	3813	0%
LZ10	14220	5008	2.8	4206	4314	3.3	4066	4314	3.3	4066	0%
LZ11	14220	5189	2.7	4432	4672	3.0	4304	4672	3.0	4304	0%
LZ12	15771	5369	2.9	4579	4602	3.4	4457	4602	3.4	4457	0%
LZ13	15771	5548	2.8	4794	4968	3.2	4686	4966	3.2	4686	0%
LZ14	15771	5760	2.7	5083	5182	3.0	5026	5181	3.0	5026	0%
LZ15	15771	5896	2.7	5271	5348	2.9	5260	5347	2.9	5261	0%
LZ16	18873	6041	3.1	5330	5384	3.5	5372	5384	3.5	5372	0%
LZ17	18873	6281	3.0	5598	5686	3.3	5671	5686	3.3	5671	0%

续上表

斜拉索编号	设计索力限值(kN)①	原设计方案			未设置临时墩			增设边跨临时墩			增设临时墩前后对成桥索力影响(⑥/④)×100%
		施工过程中最大索力(kN)②	安全系数(②/①)	成桥索力(kN)	施工过程中最大索力(kN)③	安全系数(③/①)	成桥索力(kN)④	施工过程中最大索力(kN)⑤	安全系数(⑤/①)	成桥索力(kN)⑥	
LZ18	18873	6433	2.9	5765	5797	3.3	5777	5797	3.3	5777	0%
LZ19	18873	6580	2.9	5897	5911	3.2	5875	5911	3.2	5875	0%
LZ20	18873	6719	2.8	6013	6093	3.1	5943	6093	3.1	5942	0%
LZ21	18873	6848	2.8	6096	6156	3.1	5937	6156	3.1	5935	0%
LZ22	21976	7077	3.1	6192	6126	3.6	6119	6123	3.6	6116	0%
LZ23	23527	6268	3.8	6260	6169	3.8	6155	6166	3.8	6151	0%
RZ23	23527	6308	3.7	6332	6303	3.7	6289	6304	3.7	6289	0%
RZ22	21976	7070	3.1	6231	6089	3.6	6062	6089	3.6	6063	0%
RZ21	18873	6842	2.8	6103	6183	3.1	5871	6183	3.1	5872	0%
RZ20	18873	6713	2.8	5997	6170	3.1	5867	6170	3.1	5868	0%
RZ19	18873	6574	2.9	5865	5917	3.2	5791	5917	3.2	5791	0%
RZ18	18873	6427	2.9	5723	5853	3.2	5694	5853	3.2	5694	0%
RZ17	18873	6276	3.0	5552	5656	3.3	5600	5655	3.3	5601	0%
RZ16	18873	6035	3.1	5286	5386	3.5	5314	5386	3.5	5314	0%
RZ15	15771	5892	2.7	5242	5321	3.0	5230	5320	3.0	5230	0%
RZ14	15771	5581	2.8	5067	5116	3.1	4988	5115	3.1	4988	0%
RZ13	15771	5546	2.8	4797	4937	3.2	4721	4936	3.2	4721	0%
RZ12	15771	5367	2.9	4606	4569	3.5	4513	4569	3.5	4513	0%
RZ11	14220	5188	2.7	4480	4642	3.1	4376	4642	3.1	4376	0%
RZ10	14220	5008	2.8	4276	4286	3.3	4158	4286	3.3	4158	0%
RZ09	14220	4814	3.0	4063	4274	3.3	3925	4274	3.3	3925	0%
RZ08	14220	4611	3.1	3843	3927	3.6	3694	3927	3.6	3694	0%
RZ07	14220	4425	3.2	3620	4057	3.5	3688	4057	3.5	3688	0%
RZ06	11117	4133	2.7	3419	3699	3.0	3287	3699	3.0	3287	0%
RZ05	11117	3974	2.8	3225	3645	3.1	3143	3645	3.1	3143	0%
RZ04	11117	3865	2.9	3050	3218	3.5	2762	3218	3.5	2762	0%
RZ03	9566	3678	2.6	2919	3221	3.0	2675	3221	3.0	2675	0%
RZ02	9566	3428	2.8	2831	2973	3.2	2657	2973	3.2	2657	0%
RZ01	11117	3306	3.4	2986	3091	3.6	2841	3091	3.6	2841	0%
RB01	11117	3315	3.4	2994	3101	3.6	2911	3101	3.6	2910	0%
RB02	9566	3404	2.8	2782	2943	3.3	2664	2943	3.3	2661	0%

续上表

斜拉索编号	设计索力限值(kN)①	原设计方案			未设置临时墩			增设边跨临时墩			增设临时墩前后对成桥索力影响(⑥/④)×100%
		施工过程中最大索力(kN)②	安全系数(②/①)	成桥索力(kN)	施工过程中最大索力(kN)③	安全系数(③/①)	成桥索力(kN)④	施工过程中最大索力(kN)⑤	安全系数(⑤/①)	成桥索力(kN)⑥	
RB03	9566	3693	2.6	2881	3218	3.0	2684	3218	3.0	2679	0%
RB04	11117	3905	2.8	3019	3140	3.5	2693	3140	3.5	2684	0%
RB05	11117	4005	2.8	3171	3666	3.0	3045	3666	3.0	3033	0%
RB06	11117	4156	2.7	3345	3604	3.1	3162	3604	3.1	3148	0%
RB07	14220	4470	3.2	3566	4268	3.3	3802	4268	3.3	3783	0%
RB08	14220	4641	3.1	3833	3877	3.7	3778	3877	3.7	3764	0%
RB09	14220	4839	2.9	4143	4541	3.1	4225	4541	3.1	4223	0%
RB10	14220	5033	2.8	4490	4338	3.3	4192	4338	3.3	4209	0%
RB11	14220	5106	2.8	4672	4719	3.0	4385	4719	3.0	4430	1%
RB12	15771	5419	2.9	5165	4735	3.3	4651	4805	3.3	4740	2%
RB13	15771	5335	3.0	5126	5027	3.1	4751	4961	3.2	4887	3%
RB14	15771	5443	2.9	5199	5174	3.0	5001	4983	3.2	4905	−2%
RB15	15771	5630	2.8	5316	5540	2.8	5368	5414	2.9	5342	0%
RB16	18873	6221	3.0	5982	5735	3.3	5671	5670	3.3	5606	−1%
RB17	18873	5933	3.2	5869	5656	3.3	5634	5641	3.3	5619	0%
RB18	18873	5820	3.2	5734	5783	3.3	5780	5778	3.3	5775	0%
RB19	18873	5963	3.2	5843	5809	3.2	5802	5809	3.2	5802	0%
RB20	18873	6062	3.1	5976	5967	3.2	5899	5970	3.2	5901	0%
RB21	21976	6049	3.6	5947	5898	3.7	5885	5905	3.7	5892	0%
RB22	23527	6323	3.7	6209	6166	3.8	6149	6177	3.8	6161	0%
RB23	23527	6265	3.8	6120	5849	4.0	5829	5864	4.0	5844	0%
结论		施工最小安全系数2.6			施工最小安全系数2.8			施工最小安全系数2.9			−2%~3%

注:由表中可以得出,增设临时墩前后施工状态斜拉索安全系数均大于>2.0,满足《公路斜拉桥设计细则》(JTG/T D65-01—2007)第3.4.2条要求,增设临时墩前后成桥索力变化在−2%~3%之间。

结论:增设临时墩对主桥施工期间结构稳定性系数、施工和成桥阶段主塔应力、成桥阶段主塔顶纵桥向偏位、施工和成桥阶段主梁应力、施工和成桥阶段斜拉索索力影响不大。

8.3.3 临时墩设计

临时墩由连接耳板、墩顶平台、墩身等组成。其中,连接耳板由连接主纵梁和临时墩的上、下耳板组成;墩顶平台从下向上依次为承重梁、限位梁、横向限位等;墩身由6根钢管桩以及平联、斜撑焊接而成。

临时墩纵桥向位于两端边跨13号梁段处(距主塔159.5m处),横桥向同两侧边主梁底板栓接,全桥共设置4处临时墩。

1)设计原则

(1)本次施工图设计文件根据主桥的实际位置,结合桥址的地形、地质条件及工程规模、技术特点等因素进行编制。

(2)在满足各种荷载受力的前提下,力求经济合理。

(3)采用先进可靠的工艺、材料、设备,达到技术先进、切实可行、安全可靠。

(4)施工严格遵守各有关设计、施工规范、技术规程和质量评定及验收标准,确保工程质量达到要求。

2)设计技术指标

临时墩基础采用纵、横向分别布置2排桩和3排桩,每处临时墩由6根钢管桩组成,墩顶设置平台同边主梁底板栓接。

3)主要构件设计

(1)承重梁。承重梁采用三拼 HW582×300 热轧普通工字钢焊接而成,共设置5根承重梁,分两层叠加而成,承重梁通过盖板同钢管焊接,并在承重梁与钢管桩间设置加劲肋,保证局部连接强度及稳定性。

(2)限位梁。限位梁采用三拼 HW582×300 热轧普通工字钢焊接而成,焊接在承重梁顶部,上部设置耳板和主梁采用销轴栓接,并设置有横向限位。

(3)钢管桩墩身。临时墩墩身采用型号为 $\phi 820 \times 10mm$ 的钢管桩;平联节及斜撑从地面向上0.5m 开始,每4m 设置一个标准节段,通过焊接固定以加强桩基础的整体稳定性。为增强钢管的刚度,待钢管打入完工后灌满砂,形成钢管砂桩。

(4)钢管桩基础。临时墩基础采用型号为 $\phi 1000 \times 16mm$ 的钢管桩。要求打穿细砂层停止于细砂层与卵石层的交界面。随后在钢管桩内继续钻孔,1号临时墩钻至卵石层深度为4m(总长为23.38m),2号临时墩钻至卵石层深度为4m(总长为15.58m)。为平衡主梁传递的上拔力及方便后期拆除,钻孔完成后放入钢筋笼浇筑混凝土。

4)技术要求

(1)所有构件材质均为 Q345qD,并应符合《普通碳素钢结构技术条件》的规定,手工焊条应符合《非合金钢及细晶粒钢焊条》(GB/T 5117—2012)的规定,焊条型号应与母材强度相适应。

(2)构件生产与安装完工后,必须严格按照《钢结构工程施工质量验收规范》(GB 50205—2001)的相关要求进行检验与验收。钢件之间的连接须满焊,焊缝应满足Ⅰ级焊缝的要求。

(3)钢管桩插打的精度要求:平面偏差≤5cm,垂直度偏差≤1%。

(4)除上、下耳板外,墩身与桩基外壁均采用 Q235 钢,桩基内部填充 C30 混凝土。

8.3.4 临时墩计算

1)荷载组合

临时墩荷载组合分别考虑最大压力、最大拉力作用效应组合,各荷载分项系数取1.0。其中,自重和上部主梁传递至临时墩的力为竖向荷载,横桥向荷载为上部结构承受横向风荷载传递至临时墩的横向力。荷载组合如下。

荷载组合1(压力组合):自重+主梁传递的竖向压力+上部结构承受横向风力传递至临时墩的横向力;

荷载组合2(拉力组合):自重+主梁传递的竖向拉力+上部结构承受横向风力传递至临时墩的横向力。

单个临时墩承受荷载作用见表8-9。

单个临时墩承受荷载作用(单位:t)　　　　　　　　　　　　　　　　表8-9

位　置	上部传递压力	上部传递拉力	上部传递横向风力
1号临时墩	140/2=70	160/2=80	72.4/2=36.2
2号临时墩	140/2=70	160/2=80	72.4/2=36.2

2)桩长、桩承载力计算

(1)桩顶反力。

临时墩桩顶反力,按照荷载组合1(压力组合)和荷载组合2(拉力组合)分别从计算中提取,桩顶反力见表8-10。

临时墩桩顶反力(单位:kN)　　　　　　　　　　　　　　　　表8-10

位　置	桩顶最大压力	桩顶最大拉力
1号临时墩	-965.94	775.32
2号临时墩	-1035.50	818.95

(2)桩长的确定。

桩长按照荷载组合1(压力组合)计算确定,且同时满足荷载组合1和荷载组合2单桩轴向受压、抗拔承载力计算。

1号临时墩第1层土层为细砂层,细砂层为钢管打入桩,桩截面形式为钢管内浇筑混凝土桩芯;第2层土层为卵石层,卵石层为混凝土钻孔灌注桩,首层钢管桩内混凝土芯继续下伸至卵石层。由于锤击钢管桩难以进入卵石层,细砂层摩阻力效应较低,钢管桩端最长能伸入细砂层与卵石层分界线处,混凝土桩芯可继续下伸至新土层。最终确定1号临时墩桩长23.38m;其中,外露桩长3.55m,钢管有效入土(入细砂层)桩长15.83m,混凝土桩芯继续下深(入卵石层)4.0m。钢管桩部分为打入桩,混凝土桩芯外露部分为钻孔灌注桩。

2号临时墩第1层土层为细砂层,细砂层为钢管打入桩,桩截面形式为钢管内浇筑混凝土桩芯;第2层土层为卵石层,卵石层为混凝土钻孔灌注桩,首层钢管桩内混凝土芯继续下伸至卵石层。1号、2号临时墩钻挖孔灌注桩土层数据见表8-11。

1号、2号临时墩钻挖孔灌注桩土层数据　　　　　　　　　　　　　　　　表8-11

墩号	土　层	土层厚(m)	透水性	摩阻力标准值 q_{ik} (kPa)	基本承载力 f_{a0} (kPa)	修正系数
1号	第1层	15.83	不透水	30.0	190.0	1.25
	第2层	16.59	不透水	160.0	600.0	1.25
2号	第1层	10.58	不透水	32.0	190.0	1.25
	第2层	9.42	不透水	160.0	600.0	1.25

由于锤击钢管桩难以进入卵石层,细砂层摩阻力效应较低,钢管桩端最长能伸入细砂层与卵石层分界线处,混凝土桩芯可继续下伸至新土层。最终确定 2 号临时墩最终 15.58m,其中外露桩长 1.0m,钢管有效入土(入细砂层)桩长 10.58m,混凝土桩芯继续下深(入卵石层)4.0m。钢管桩部分为打入桩,混凝土桩芯外露部分为钻孔灌注桩。按照压力荷载控制及单桩轴向受压承载力,确定的 1 号、2 号桩长详见表 8-12、表 8-13。

1 号临时墩压力荷载计算桩长　　　　　　表 8-12

桩顶轴力 (kN)	桩径 (m)	桩的重度 (kN/m³)	桩扣除重度 (kN/m³)	冲刷段桩长 (m)	桩顶下水位 (m)	初拟桩长 (m)	复核桩长 (m)	复核结果	最小桩长 (m)	最终确定桩长 (m)
965.9	混凝土 1	25	0	3.55	0	15.83	15.83	满足	20.48	23.38
	钢管 0.968	78.5	0	0	0	16.59	1.1	满足		

注:为偏安全地计算有效桩长,冲刷段桩长按照与滩地最低冲刷线 376.110m 差取值。

2 号临时墩压力荷载计算桩长　　　　　　表 8-13

桩顶轴力 (kN)	桩径 (m)	桩的重度 (kN/m³)	桩扣除重度 (kN/m³)	冲刷段桩长 (m)	桩顶下水位 (m)	初拟桩长 (m)	复核桩长 (m)	复核结果	最小桩长 (m)	最终确定桩长 (m)
1035.5	混凝土 1.0	25.0	0	1.0	0	10.58	10.58	满足	13.37	15.58
	钢管 0.968	78.5	0	0	0	9.42	1.79	满足		

注:为偏安全地计算有效桩长,冲刷段桩长按照与滩地最低冲刷线 376.110m 差取值。

(3)单桩轴向受压、抗拔承载力计算。

1 号、2 号临时墩轴向受压承载力由两部分构成:钢管侧摩阻力(细砂层范围)和混凝土(入卵石层范围)桩芯侧摩阻力、桩端处卵石承载力。钢管侧摩阻力依据《港口工程桩基规范》(JTS 167—2012)中式(4.2.4-2)计算,入卵石层混凝土桩芯部分侧摩阻力和桩端处承载力依据《公路桥涵地基与基础设计规范》(JTG D63—2007)中式(5.3.3-1)与式(5.3.3-2)计算。单桩受压承载力计算结果见表 8-14。

单桩受压承载力计算结果　　　　　　表 8-14

位　置	单桩轴向受压承载力(kN)			荷载组合 I 受压荷载组合值 P_{max}(kN)	F_a/P_{max}	是否满足设计要求
	钢管壁承载力容许值 Q_d	混凝土桩芯承载力容许值 R_a	合计 F_a			
1 号临时墩	1028.40	1211.87	2240.27	1467.78	1.53	满足
2 号临时墩	733.16	1211.87	1945.03	1363.53	1.43	满足

1 号、2 号临时墩轴向抗拔承载力分两部分构成:钢管侧摩阻力(细砂层范围)和混凝土(入卵石层范围)桩芯侧摩阻力。钢管侧摩阻力计算按《港口工程桩基规范》(JTS 167—2012)中式(4.2.6)计算较按《公路桥涵地基与基础设计规范》(JTG D63—2007)中式(5.3.8)计算偏不安全,故从偏安全考虑,钢管和入卵石层混凝土桩芯侧摩阻力均按照《公路桥涵地基与基础设计规范》(JTG D63—2007)中式(5.3.8)计算。单桩抗拔承载力计算结果见表 8-15。

单桩抗拔承载力计算结果　　　　　　　表 8-15

位　置	单桩轴向受拉承载力(kN)			荷载组合 1 受拉荷载组合值 T(kN)	承载力容许值/荷载组合值	是否满足设计要求
	钢管壁承载力容许值	混凝土桩芯承载力容许值	合计			
1 号临时墩	447.36	583.68	1031.04	273.48	3.77	满足
2 号临时墩	318.92	583.68	902.6	490.92	1.84	满足

3) 墩身结构计算

按照上述荷载组合 1、2 进行临时墩墩身结构应力计算，1 号临时墩墩身结构应力计算结果见表 8-16。

1 号临时墩墩身应力计算结果(单位:MPa)　　　　　　　表 8-16

荷载组合	组合应力		是否满足规范限值 $[\sigma]=190$ 要求
	σ_{max}	σ_{min}	
荷载组合 1	60.00	-60.38	满足
荷载组合 2	71.93	-62.70	满足

2 号临时墩墩身结构应力计算结果见表 8-17。

2 号临时墩墩身应力计算值(单位:MPa)　　　　　　　表 8-17

荷载组合	组合应力		是否满足规范限值 $[\sigma]=190$ 要求
	σ_{max}	σ_{min}	
荷载组合 1	60.00	-60.38	满足
荷载组合 2	71.93	-60.38	满足

4) 临时墩竖向、横向变形计算

根据《钢结构设计规范》(GB 50017—2003)要求，临时墩竖向、横向变形值见表 8-18。

临时墩竖向、横桥向变形(单位:mm)　　　　　　　表 8-18

位　置	计算内容	变形值(mm)	限值(mm)	备　注
1 号临时墩	竖向位移	3.4	10	$L/400$(L 表示跨度)
	横桥向位移	27.7	62.4	$H/400$(H 表示位移最大值处支架的离支点高度)
2 号临时墩	竖向位移	3.4	10	$L/400$(L 表示跨度)
	横桥向位移	25.9	68.8	$H/400$(H 表示位移最大值处支架的离支点高度)

1 号临时墩最大竖向位移为 3.4mm，出现位置为临时墩上部分配梁上，标准组合下竖向变形值为 3.4mm<4000/400=10mm；最大横桥向位移为 27.7mm，出现位置为临时墩墩顶，标准组合下竖向变形值为 27.7mm<24959/400=62.4mm，构件刚度满足规范要求。

2 号临时墩最大竖向位移为 3.4mm，出现位置为临时墩上部分配梁上，标准组合下竖向变形值为 3.4mm<4000/400=10mm；最大横桥向位移为 25.9mm，出现位置为临时墩墩顶，标准组合下竖向变形值为 25.9mm<27507/400=68.8mm，构件刚度满足规范要求。

1 号临时墩竖向最大变形如图 8-9 所示，1 号临时墩横桥向最大变形如图 8-10 所示。

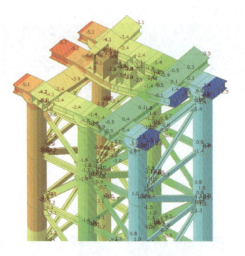

图8-9 1号临时墩竖向最大变形(单位:mm)　　图8-10 1号临时墩横桥向最大变形(单位:mm)

2号临时墩竖向最大变形如图8-11所示,2号临时墩横桥向最大变形如图8-12所示。

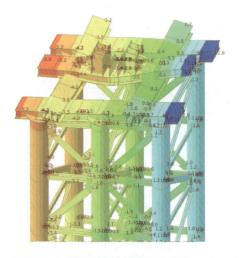

图8-11 2号临时墩竖向最大变形(单位:mm)　　图8-12 2号临时墩横桥向最大变形(单位:mm)

5)临时墩稳定性计算

在荷载组合1、2作用下,计算1号临时墩屈曲分析临界荷载系数,1号临时墩屈曲分析结果(荷载组合1)见表8-19,1号临时墩屈曲分析结果(荷载组合2)见表8-20。

1号临时墩屈曲分析结果(荷载组合1)　　表8-19

模态数	临界荷载系数 λ	描 述	是否满足要求
1	5.208813	底部斜撑失稳	满足规范 λ≥4
2	5.243383	底部斜撑失稳	
3	5.436152	顶部斜撑失稳	
4	5.491912	顶部斜撑失稳	
5	5.723101	中部与底部斜撑失稳	
6	5.776461	中部与底部斜撑失稳	

1 号临时墩屈曲分析结果(荷载组合 2)　　　　　　　　　表 8-20

模态数	临界荷载系数 λ	描述	是否满足要求
1	5.731912	顶部平联失稳	满足规范 λ≥4
2	6.067159	底部斜撑失稳	
3	6.135468	底部斜撑失稳	
4	6.874601	中层斜撑失稳	
5	6.948342	中层斜撑失稳	
6	7.356691	底部斜撑失稳	

在荷载组合 1、2 作用下,计算 2 号临时墩屈曲分析临界荷载系数。2 号临时墩屈曲分析结果(荷载组合 1)见表 8-21,2 号临时墩屈曲分析结果(荷载组合 2)见表 8-22。

2 号临时墩屈曲分析结果(荷载组合 1)　　　　　　　　　表 8-21

模态数	临界荷载系数 λ	描述	是否满足要求
1	5.469688	底部斜撑失稳	满足规范 λ≥4
2	5.487204	底部斜撑失稳	
3	5.756166	底部斜撑失稳	
4	5.773898	底部斜撑失稳	
5	6.729264	中层斜撑失稳	
6	6.765772	中层斜撑失稳	

2 号临时墩屈曲分析结果(荷载组合 2)　　　　　　　　　表 8-22

模态数	临界荷载系数 λ	描述	是否满足要求
1	5.738172	顶部平联失稳	满足规范 λ≥4
2	6.784383	底部斜撑失稳	
3	6.790266	底部斜撑失稳	
4	7.368248	底部斜撑失稳	
5	7.368838	底部斜撑失稳	
6	7.970581	上层斜撑失稳	

8.3.5　临时墩与主梁连接构造局部分析

施工过程中增设临时墩,临时墩与主梁连接为关键受力构件,故选取上耳板构造及与主梁相接处、下耳板与型钢限位梁相接处进行局部分析,同时分析施工过程中对钢主梁、桥面板局部应力的影响。

1)临时墩与主梁连接构造的局部分析

(1)上耳板构造及与主梁连接处局部分析。

主梁 + 连接构造的局部计算使用板单元进行模拟。

计算共分以下五种荷载工况进行计算。

工况 1:主梁 + 连接构造,临时墩连接构造承受钢—混凝土组合梁传递的竖直向上作用力 80t。

工况 2:主梁 + 连接构造,临时墩连接构造承受钢—混凝土组合梁传递竖直向下力 70t。

工况3:主梁+连接构造,临时墩承受钢—混凝土组合梁传递的水平横向风作用力36.2t。

工况4:主梁+连接构造,临时墩承受钢—混凝土组合梁传递的竖直向上作用力、传递的水平横向风作用,作用力大小同工况1、3。

工况5:主梁+连接构造,临时墩承受上部钢—混凝土组合梁传递的竖直向下作用力、传递的水平横向风作用,作用力大小同工况2、3。

局部计算时,工况1~5作用效用乘以2倍做偏安全计算,上耳板在各工况下应力计算结果见表8-23。

以表8-23中可以看出,在5种工况下,上耳板最大主拉应力为52.9MPa,最大主压应力为75.2MPa,应力值均未超过所用钢材的容许值。

上耳板在各工况下应力计算结果　　　　　　　　　表8-23

项　目	工况1	工况2	工况3	工况4	工况5
主拉应力(MPa)	33.5	46.6	26.5	33.5	52.9
主压应力(MPa)	64.4	17.3	27.7	75.2	22.6
最大变形(mm)	13.97	9.47	7.21	17.88	9.43

(2)下耳板构造及与型钢限位梁相接处局部分析。

临时墩下耳板构造主要承受上耳板传递的横向作用力,单个下耳板作用力为36.2/2 = 18.1t。在横向力作用下,下耳板与型钢限位梁相接处,局部最大主拉应力为140MPa,最大主压应力为145MPa,应力值均小于Q345qD的容许应力值(280MPa)。

2)临时墩与主梁连接构造对钢—混凝土组合梁应力的影响

(1)临时墩与主梁连接构造对钢—混凝土组合梁钢梁应力的影响(含连接构造与钢主梁相接处)分析。

临时墩对钢—混凝土组合梁钢主梁应力计算结果见表8-24。

临时墩对钢—混凝土组合梁钢主梁应力计算结果　　　　　　　　　表8-24

项　目	工况1	工况2	工况3	工况4	工况5
主拉应力(MPa)	10.6	11.1	23.2	20.5	26.2
主压应力(MPa)	16.6	7.05	26.4	33.6	22.0
最大变形(mm)	13.56	9.00	6.34	17.94	13.74

从表8-25中可以看出,钢主梁在5种工况下,最大主拉应力为26.2MPa,最大主压应力为33.6MPa,应力值均未超过所用钢材的容许值。

(2)临时墩与主梁连接构造对桥面板应力的影响分析。

桥面板在各工况下的应力计算结果见表8-25。

桥面板在各工况下的应力计算结果　　　　　　　　　表8-25

项　目	工况1	工况2	工况3	工况4	工况5
主拉应力(MPa)	0.82	0.24	0.33	1.00	0.55
主压应力(MPa)	0.36	0.54	0.33	0.67	0.74
最大变形(mm)	12.98	8.60	2.72	15.60	11.29

从表 8-25 中可以看出,桥面板在 5 种工况下,最大主拉应力为 1.00MPa,最大主压应力为 0.74MPa,应力值均未超过所用混凝土的容许值。

8.4 成桥设计的抗风措施

为保证禹门口黄河公路大桥在使用寿命期内和施工期间结构安全性(强度、稳定性、疲劳)、适用性(行车舒适性及变形)要求,对主塔、主梁、拉索采取相应的抗风设计措施。

1) 抗风支座

对桥梁抗风来说,长期以来,一般在塔的内侧安装两个普通的盆式橡胶支座或板式橡胶支座来被动抵抗。这种盆式支座允许的桥梁的位移较小,风力较大时,作用有限,而且对于桥梁与主塔竖直方向上的位移,只能依靠橡胶本身的剪切变形进行缓冲。位移较大时,将会失效。本项目利用侧向风对主塔形成的反力计算结果,设计了较为先进的抗风支座以抵抗侧向反力作用,以策安全。抗风支座构造示意图如图 8-13 所示。

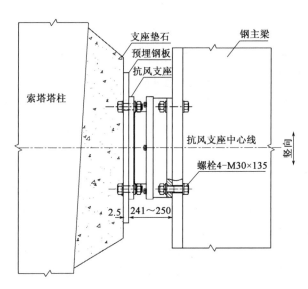

图 8-13 抗风支座构造示意图(尺寸单位:mm)

该支座构造原理为在普通盆式橡胶支座的基础上增加弹性装置,减少并且消耗风力对桥的损害。在盆式橡胶支座内部放入压簧或碟簧等其他的弹性装置,同时增加一种导向保护装置,防止风力作用下支座无法自动伸缩,确保支座各部件始终处于密贴状态。该抗风措施设计能够保证大桥施工和运营阶段的抗风安全性及行车舒适性。

2) 导流板、稳定板、隔流板及风障

根据风洞试验结论,为应对本项目所在区域复杂的风环境,需要采用对应的气动控制措施来降低风对结构的不利影响。设计中通过在主梁结构上附加导流板、稳定板、隔流板及风障等多种气动设施来改变其气动布局,从而达到提高气动性能的目的。导流板构造示意图如图 8-14 所示,稳定板、隔流板等各项气动措施构造示意图如图 8-15 所示。

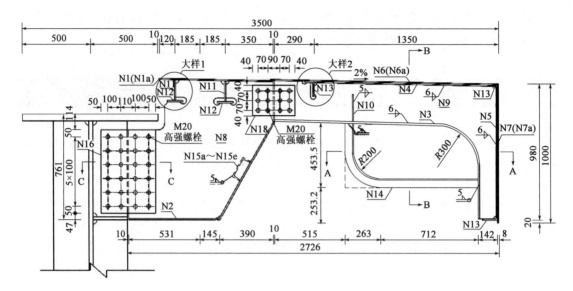

图 8-14 导流板构造示意图(尺寸单位:mm)

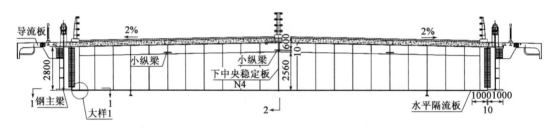

图 8-15 稳定板、隔流板等各项气动措施构造示意图(尺寸单位:mm)

3)磁流变阻尼器及拉索双螺旋线

斜拉索在风雨作用下将产生振动,长期处于风致振动状态下会导致斜拉索损伤。针对风致振动问题,国内外发展形成了多种抑振措施,如在拉索表面缠绕钢丝形成双螺旋线、布置二阶索、索夹、增设阻尼器(油压阻尼器和黏性剪切阻尼器)等。

二阶索的设置影响大桥的整体景观效果,且有高空作业,施工较困难。阻尼器可同时抑制拉索面内、面外的振动,结构简单,安装简便易行。该种阻尼器对微小振动也能良好的抑制效果,阻尼器中的高黏性体和容器构造,可确保其具有较好的耐候性、耐久性和热稳定性。故此,本桥设计采用黏性剪切阻尼器和双螺旋线两种措施共同抵抗斜拉索的风致振动。

第9章 复杂水环境适应性分析及设计

2014年3月24日,水利部黄河水利委员会通过了《108国道禹门口黄河公路大桥防洪评价审查同意书》(黄水政字〔2015〕10号)。因原方案存在诸多问题,建设单位(中交韩城黄河大桥有限公司)咨询国内有关桥梁专家,建议对桥梁方案进行优化调整。为此,设计单位提出了对原设计方案的变更方案。桥梁由原设计的"预应力混凝土桥"变更为"双塔组合梁斜拉桥"方案,桥梁主跨由107m+6×177m+107m变更为245m+565m+245m。

"108国道禹门口黄河公路大桥变更方案防洪评价"工作是在原《108国道禹门口黄河公路大桥防洪评价报告》基础上,对变更后的方案重新进行了壅水、冲刷计算;综合分析了方案调整对防洪、防凌的影响,并提出了相应的补救措施,为大桥设计提供技术依据。

9.1 水文分析计算

本次分析评价以龙门站历年实测和调查洪水资料作为水文分析计算的基本依据。经过对工程跨河位置的实地查勘、测量,防洪评价计算包括河道在不同频率设计流量及相应水位、桥墩的最大冲刷水深和壅水计算等。

9.1.1 物理模型试验的设计及验证

禹门口所处位置关键,防洪和防凌问题都比较突出,因此,物理模型试验包括洪水模型试验和冰凌试验。

1)洪水动床物理模型试验设计

根据试验研究任务及内容,结合动床物理模型布置原则,初步拟定洪水模型模拟范围为龙门上3km至黄淤65断面,河道总长23km。洪水动床模型平面布置图如图9-1所示。根据验证试验洪水选取原则,并经水利部黄河水利委员会专家咨询,确定该洪水模型验证试验年份为1996年。模型验证试验初始地形为1996年汛前地形,洪水流量、含沙量概化过程分别如图9-2和图9-3所示。验证试验表明,按模型设计比尺制作的模型在水流运动、洪水传播、洪水水位、河道冲淤及河势变化等方面是相似的(详见洪水模型试验分报告)。故洪水模型设计比尺基本正确,模型可以用于方案试验研究。

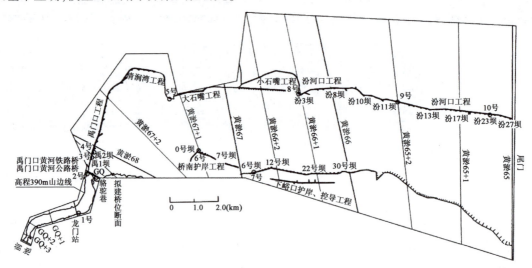

图9-1 洪水动床物理模型平面布置图
注:图片取自《108国道禹门口黄河公路大桥防洪评价》。

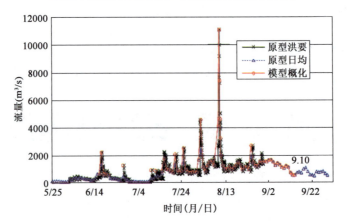

图9-2 1996年验证试验原型及模型概化流量过程
注:图片取自《108国道禹门口黄河公路大桥防洪评价》。

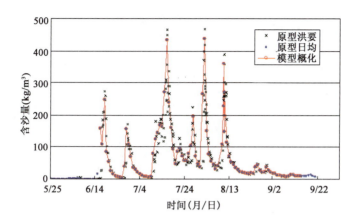

图 9-3　1996 年验证试验原型及模型概化含沙量过程
注：图片取自《108 国道禹门口黄河公路大桥防洪评价》。

方案试验采用 2011 年汛后河道地形，300 年一遇洪水过程采用"67 放大型"洪水过程（最大洪峰流量 34500m³/s），其水沙过程如图 9-4 所示。

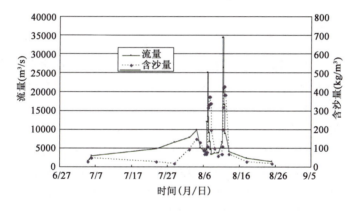

图 9-4　"67 放大型"（300 年一遇）洪水设计水沙过程
注：图片取自《108 国道禹门口黄河公路大桥防洪评价》。

2）冰凌物理模型试验设计

根据冰凌试验研究内容及技术要求，冰凌模型上段模拟到龙门水文站以上约 6.35km，下距龙门水文站约 13.3km 的禹门口黄河高速公路大桥下游处，河段总长约 19.65km。冰凌模型平面布置图如图 9-5 所示。

冰凌模型验证试验应选取具有代表性且实测资料较为齐全的河段。根据冰凌模型试验要求及对原型冰期资料分析，并经专家咨询后，选取 2011 年禹门口河段冰凌开河情况进行验证。验证结果表明，在相应的开河流量及来冰密度下，模型沿程水位过程与原型水位过程基本一致，河段的沿程水位与原型最大水位差值正负约 0.15m，即 2011 年禹门口河段开河过程模拟过程及结果与原型是基本相符的。因此，该模型可以模拟不同来流量及来冰密度的冰凌方案试验。

第 9 章　复杂水环境适应性分析及设计

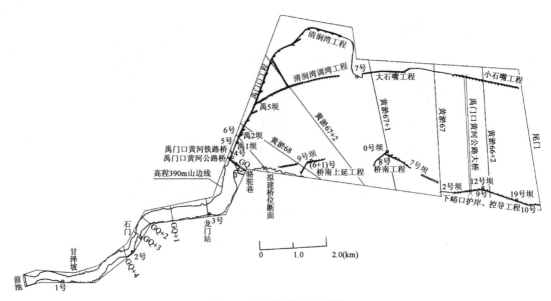

图 9-5 冰凌模型平面布置图

注:图片取自《108 国道禹门口黄河公路大桥防洪评价》。

9.1.2 数学模型率定及验证

利用数学模型可以计算不同工况下桥位河段水动力学条件的变化等关键问题,通过对计算结果的分析,评估不同工况对桥位河段防洪的影响,合理进行桥位布设,以最大限度地减轻跨河桥群(组)对防洪的不利影响,为桥梁工程建设决策提供依据。

模型进口断面为龙门断面,出口为黄淤 65 断面(与实体模型一致)。地形边界采用计算河段的 1:10000 电子地图生成 DEM(Digital Elevation Model,数字高程模型),并结合 1996 年汛前地形资料生成水上、水下地形,在计算区域内采用三角形网格,同时对河道内现有桥位按照桥墩的实际形状进行网格加密,共生成 25957 个单元、12887 个节点。在验证计算区域范围内,有两个工程,即原 108 国道禹门口黄河公路大桥(桥跨一跨跨过主槽)和西侯线禹门口黄河铁路大桥。

模型进口流量为(龙门水文站)11000 m^3/s(1996 年 8 月 10 日实测最大洪峰流量),出口水位采用黄淤 65 断面水位-流量关系控制(与实体模型采用一致)。

1996 年有实测资料记录的站共有 7 个,河段主槽糙率为 0.017,滩地糙率为 0.035(参考黄韩侯铁路桥防洪评价报告)。验证计算水位与实测水位对比见表 9-1。由图 9-6 可以看出,计算水位与实测水位符合度较高,可以利用数学模型进行方案计算。

代表断面模型验证计算水位与实测水位对比(黄海高程)　　　表 9-1

断 面 号	距龙门水文站里程 (km)	实测水位 (m)	计算水位 (m)	计算水位-实测水位 (m)
龙门站	0	385.45	385.71	0.26
禹 1 号坝	2.45	384.24	384.35	0.11
大石嘴	6.85	381.35	381.22	−0.13

续上表

断面号	距龙门水文站里程（km）	实测水位（m）	计算水位（m）	计算水位-实测水位（m）
桥南 0 号坝	8.05	380.62	380.48	−0.14
下峪口 6 号	9.90	379.46	379.56	0.10
汾河口	12.50	378.04	377.81	−0.23
西范工程 1 号	21.15	370.73	370.88	0.15

注：本表取自《108 国道禹门口黄河公路大桥防洪评价》。

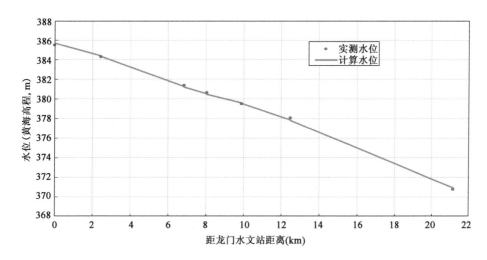

图 9-6　模型验证计算水位与实测水位比较

注：图片取自《108 国道禹门口黄河公路大桥防洪评价》。

9.1.3　防洪评价计算主要成果

经详细分析、专家现场调研和召开咨询会，最终同意推荐的第二桥位方案，桥位二（拟建）位于原禹门口黄河公路大桥向下游约 420m 处，桥梁全长 1465m，跨主河槽桥梁长 1055m。根据《公路工程技术标准》（JTG B01—2014），该桥属于特大桥，大桥按 300 年一遇洪水设计。

根据相关文件的要求，在黄河中游小北干流河段修建跨河大桥，桥孔跨径主河槽孔跨不应小于 100m，滩地孔跨不应小于 40m。拟建桥梁方案变更后，主跨为 245m+565m+245m，左岸引桥跨度 40m，右岸引桥最小跨度 40m，桥跨布置满足《黄河河道管理范围内建设项目技术审查标准（试行）》的要求。

1）现状条件下不同频率流量及水位

根据近期桥位地形（2015 年 11 月）与原方案桥位地形（2012 年 1 月）之间的对比，可以看出，近期河道有所冲刷，不同频率的洪水位会有所降低，但从偏安全角度考虑，不同频率流量对应水位仍采用原审批的结果，即桥位处 300 年一遇洪峰流量为 34500m³/s，相应设计水位为 389.37m；100 年一遇流量为 28300m³/s，相应设计水位为 388.82m；10 年一遇流量为 16400m³/s，相应设计水位为 386.48m。

按照行洪要求，桥梁下弦高程不能低于 392.35m。根据设计单位提供资料可知，主河槽内最低梁底高程为401.285m,满足行洪要求。按照通航要求,桥梁下弦高程不能低于396.43m,根据设计单位提供的资料可知,主槽范围内11~12号桥墩之间满足80m范围通航的最低桥梁下弦高程为409.33m,可见桥梁设计满足最小80m范围的通航要求。方案变更前后主槽立面布置图如图9-7所示。

按照相关文件的要求,跨越禹门口工程坝顶的梁底高程不小于393.34m,设计方提供的跨越禹门口坝顶的桥梁下弦高程为401.59m,满足交通要求。

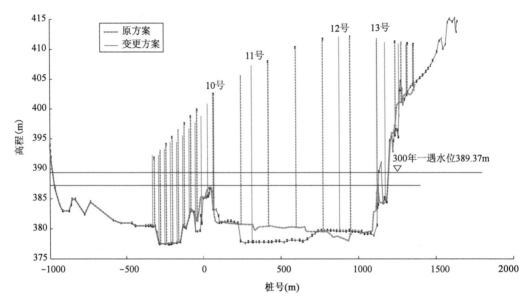

图9-7 方案变更前后主槽立面布置图

2)壅水、冲刷

(1)根据壅水计算结果,300年一遇34500m^3/s、100年一遇28300m^3/s和10年一遇16400m^3/s流量对应的壅水高度分别为0.29m、0.27m和0.21m,相应的壅水长度分别为1160m、1080m和840m。经与原方案对比,300年、100年和10年一遇壅水略有降低。因此,建议采用方案变更后的壅水计算结果,即300年一遇34500m^3/s产生的壅水为0.29m。拟建桥位上距龙门水文站1920m,桥墩壅水最大影响范围为1160m。

(2)根据冲刷计算结果,原批复方案主河槽300年一遇流量下最低冲刷线高程为357.83m。根据原批复方案与现变更方案冲刷计算结果的对比可知,变更后300年一遇流量下,一般冲深比原方案减小0.27m,局部冲刷增加2.66m,总冲刷深度比原方案增加2.39m,因此,建议变更后300年一遇流量下最低冲刷线高程在原批复方案基础上降低2.39m,即357.83-2.39=355.44m。

滩地处则由于桥墩个数增加,变更后滩地300年一遇条件下,一般冲深增加了0.31m,局部冲深增加了0.29m,总冲刷深度比原方案增加了0.60m,因此,建议变更后的最低冲刷线高程在原批复的基础上低0.60m,即300年一遇最低冲刷线高程为376.71-0.60=376.11m。

另外,因该河段存在典型的"揭河底"现象,可使平均河底高程降低5.4~7.6m,因此,在设计桥墩埋深时,应尽量多留些富余度。

(3)桥梁梁底高程复核。

根据防评计算结果知,最大行洪要求最低桥梁下弦为392.35m,通航条件下要求最低桥梁下弦为396.43m,因此,防评最终采用通航条件下的最低下弦为396.43m。禹门口黄河公路大桥桥墩之间满足80m范围通航的最低桥梁下弦高程为409.33m,设计满足最小80m范围的通航要求。

按照相关文件的要求,跨越禹门口工程坝顶的梁底高程不小于393.34m,跨越禹门口坝顶的桥梁下弦高程为401.59m,满足交通要求。

9.2 防洪综合评价

9.2.1 标准适应性评价

禹门口黄河公路大桥防洪标准为300年一遇,满足《公路工程技术标准》(JTG B01—2014)和《防洪标准》(GB 50201—2014)的规定。

根据相关文件的要求,在黄河中游小北干流河段修建跨河大桥,桥孔跨径,主河槽孔跨不应小于100m,滩地孔跨不应小于40m。大桥主跨为245m+565m+245m,左岸引桥跨度为50m,右岸引桥最小跨度为42.5m,桥跨布置满足《黄河河道管理范围内建设项目技术审查标准(试行)》的要求,满足防洪标准并且适应有关技术要求和管理要求。

大桥按300年一遇洪水设计,桥位断面设计洪水位为389.37m,按现状条件计算,至2065年满足最大行洪要求的桥梁下弦高程不应低于392.35m。根据设计可知,主河槽内最低梁底高程为409.33m,满足防洪水位要求。

根据实测资料分析,桥位断面近年来凌汛最高壅冰水位为385.74m(2000年2月10日)。根据模型试验,桥位断面最高左水位为386.06m(流量600m³/s,来冰密度80%情况下),到2065年凌汛最高水位388.01m,设计的主河槽桥梁下弦高程满足行凌要求。

9.2.2 行洪安全性评价

大桥修建后,由于桥墩的存在,相应的行洪断面有所减小,桥前将产生一定的壅水,对桥位以上河段的洪水位造成一定的壅高,对桥位附近河道行洪能力、主槽流速等造成一定的影响。经计算,300年一遇洪水压缩断面约5.6%,桥前最大壅水高度为0.29m,建桥使得桥位上游1160m河道产生壅水。大桥建成后,由于桥位左岸有禹门口工程,右岸为较高山体,因此,洪水仍在河道范围内,大桥建设对行洪影响不大。

9.2.3 河势稳定性评价

通过洪水模型试验知,大桥桥位处在300年一遇校核洪水条件下,有桥、无桥情况下河道主流线与桥轴线基本正交。

从试验过程中的局部流态变化可以发现,小水期该河段来流位置不定,河势变化较大,桥墩的修建使得水流顶冲工程,给防洪工程安全带来一定的影响。可采取相应措施进行防治。

9.2.4　通航影响分析

根据通航要求计算,至2065年满足通航要求的桥梁下弦高程不应低于396.51 m。根据大桥设计单位提供的数据,拟建的禹门口黄河公路大桥10~13号桥墩之间均满足最小80m范围的通航要求。

9.2.5　施工对行洪行凌的影响分析

大桥施工跨越汛期、凌汛期,桥梁施工时在河道主槽位置设置的施工栈桥、桥墩基础施工时修建的施工围堰以及其他临时建设设施等,在发生洪水时或凌情时会影响河道行洪。同时由于施工栈桥跨度较小,易发生卡冰阻水,形成冰坝,造成一定影响。

9.2.6　黄河洪水(冰凌)对大桥的影响分析

由于该河段凌情比较严重,流冰及洪水期漂浮物是影响大桥桥墩安全的重要因素。流冰尺寸较大,凌汛期流冰和汛期最大漂浮物(如树木、船只等)将有可能直接撞击栈桥,对施工期临时设施和桥墩产生一定的撞击作用,威胁结构安全。大桥在设计中要考虑冰块的撞击,并设计相应防凌措施。

9.3　防洪、防凌设计

1)桩基设计

由于黄河"揭河底"效应显著,冲刷最大超过10m,设计充分考虑冲刷深度,确保桩长和桩基强度均安全可靠。由于河道变迁的因素,索塔基础均可能为水中基础,综合考虑施工时水深及覆盖层厚度,11、12号索塔全部采用钢板桩围堰方式施工,水中桩基均下设钢护筒。要求施工前由施工单位制订详细的施工方案,待评审通过后方可实施。

2)设置破冰棱构造

为了确保施工期和运营期冰凌对桥塔等下部结构撞击时的安全性,在塔柱根部近水面设置破冰棱,以削弱冰凌对结构的撞击力。破冰棱构造示意图如图9-8所示。

3)施工便道设计

桥址处陆路有108国道、京昆高速公路、X201韩城至宜川公路,交通便利,河道上不具备大型水上设备的使用条件。考虑实际的运输、加工条件,本项目采用公路沿线到两主桥桥头处修建临时施工便道、河道内搭设施工钢便桥的方式进行材料、机具、人员的两岸运输,加快施工进度。钢便桥总长度约810m。为避免洪水期漂浮物、垃圾,包括春冬季冰凌等冲击钢便桥,阻塞河道,钢便桥纵梁贝雷片下弦高程应比最高通航水位高至少0.5m。钢便桥中心线与桥梁中心线平行,内边线与禹门口黄河公路大桥主桥边线相差2.0m。钢便桥桥面宽8m,索塔部位设置6m×15m加宽段,作为材料堆放、吊运及车辆停滞场地。钢便桥优先选用321型贝雷片桁架,具体实施前由施工单位制订专项方案。

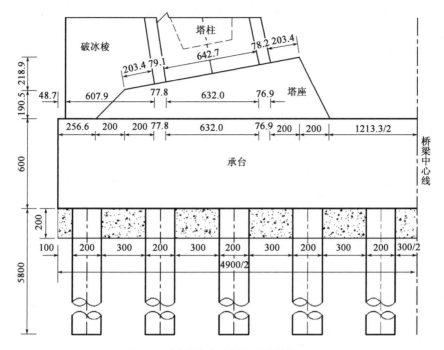

图 9-8　破冰棱构造示意图(尺寸单位:mm)

4)加大混凝土保护层厚度,加强构造钢筋

注重桥梁下部结构细节设计,特别是水下桩基及桥塔柱、承台等,避免混凝土受磨蚀后加快侵蚀速度,导致混凝土结构耐久性进一步退化的恶性循环。

9.4　其他防治方案

1)降低对禹门口工程冲刷影响的补救措施

拟建桥梁 10 号桥墩对禹门口工程安全造成影响,需要对影响范围内的 1 号坝及其 1~2 号联坝进行抛石加固;对临河工程坡脚等处进行裹护等补救措施,以防冲刷。

2)对河势的影响

尽管建桥对大洪水时河势影响不大,但小水时主流与桥梁轴线夹角可能会加大,一旦主流顶冲某桥墩,会对河势造成较大影响。因此,需要在施工期和正常运用期加强对桥位附近河势观测,观测期限为 3~5 年,包括汛期和凌期,如有问题及时采取相关措施,以保证防洪工程及大桥的安全。

3)建桥壅水及减少行洪的补救措施

桥梁上游壅水范围内河道工程按黄河防洪标准要求进行加固,质量及技术标准需满足黄河水利委员会的有关规定。

4)降低施工期对防洪、防凌、河道行洪影响的补救措施

河槽施工围堰需采用大于 10 年一遇洪水标准设计($Q=16400\text{m}^3/\text{s}$),采用截面较小钢板

桩围堰，以确保尽可能最小占用河道过流断面，最大限度减小对行洪的干扰，提高施工中抵御洪水的能力。

施工期间，尤其在汛期，河道的防洪、泄洪问题比较突出，河道内的施工材料、施工设备、临时便道、便桥、施工围堪、工程的弃渣等都会影响河道的正常泄洪。这就要求桥梁建设部门在施工期内应与黄河防汛部门密切配合，做好施工度汛应急方案，并严格实施。随着施工不断进行，应及时拆除不用的临时建筑物，清理施工场地，推平施工道路，清理弃渣等剩余物，恢复河道原貌，以利于河道行洪。施工围堰等临时工程在施工结束后必须将围堰拆除干净，尤其是水下部分不易被人观察到的遗留物。

针对桥位所在河段冰期长，封冻、流凌比较严重，冰期河道同流量水位可抬高约3m的特点，施工单位应制定切实可行的凌汛期施工应急方案。为减轻凌汛期间该河段内流冰对桥墩、围堰的冲击，桥梁在下一步设计中注意加强桥墩及围堰的安全系数。桥墩基础施工初期应避开凌汛壅冰期，确保凌汛期间的施工安全。

5) 对水文测验设施影响的补救措施

由于建桥严重影响到设置在禹门口工程1号坝上的水尺，故建设方应与水尺建设单位山西河务局协商解决。由于建桥产生壅水，影响到桥位上游约220m的专门用于冰期上游断面封冻、壅冰严重时的流量测验断面，因此，需与龙门水文站协商解决。

6) 施工对环境影响的补救措施

大桥施工期间，由于施工道路、施工围堰、物料存放及工程弃渣等，桥位附近河道环境将受到一定程度的破坏，对河道水环境及周边环境造成不利影响。同时，施工单位生产、生活废水和污水排放对黄河水质可能会产生一定的影响，尤其在枯水期影响更为明显。

桥梁建设初期应及时做好水土保持工作，对可能造成的水土保持方面的影响作出预测与评估，并拟定降低影响所应该采取的措施；施工区域内施工材料、设备的堆放、施工人员的生活场所应事先做好规划；应做好施工期间的组织工作，加强施工期的管理，禁止将油污、生活废污水直接排入黄河，以免影响黄河水体水质。对河道工程的补救措施需要开展专项补偿设计。

第10章 西引桥一墩双T转体设计

禹门口黄河公路大桥西引桥位于陕西省韩城市渚北村,起点里程桩号 K2+085,终点里程桩号 K2+275.91,桥梁长度 185m,桥宽 27m,采用双幅桥设置。桥梁总体布置图如图 10-1 所示。

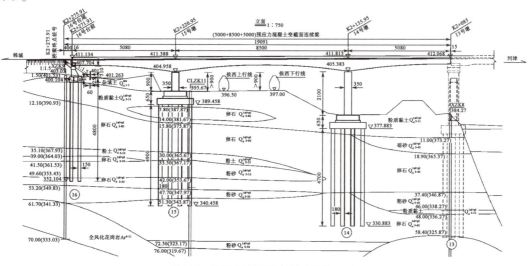

图 10-1 桥梁总体布置图(尺寸单位:mm)

按照铁路部门的相关规定,并经多次协商沟通,为保证既有线,即黄韩侯复线电气化铁路的运营安全,连续梁需采用转体施工,即平行于既有铁路线挂篮浇筑悬灌段。悬灌段防撞墙浇筑完成后,平转至设计位置,再施工合龙段。14 号、15 号墩顺时针旋转 51°。

桥址位于黄河漫滩及一级阶地,阶地发育,高程在 370~410m 之间。

10.1 结构形式

桥梁计算跨度 50m+85m+50m,桥面全宽 27m,按一墩两幅桥设计。每幅桥梁上部梁体采用单箱单室、变高度、直腹板、箱形截面;箱梁顶宽 13.49m,箱梁底宽 7.49m,外侧悬臂长 1.5m,内侧悬臂长 1.5m,外侧悬臂端厚 20cm,内侧悬臂端厚 35cm,悬臂根部厚 65cm。箱梁腹板厚度由箱梁梁体主墩墩顶根部 115cm 变至跨中及边墩支点附近梁段 40cm;底板在箱梁梁体主墩墩顶根部厚 120cm 变至跨中及边跨直线段厚 30cm;顶板厚 35cm。顶板设 150×30cm 的倒角,底板设 60×30cm 的倒角。箱梁在主墩墩顶及梁端设置横隔墙,主墩墩顶横隔墙厚 260cm,该处设置宽 100cm 和高 140cm 的过人洞;边墩墩顶横隔墙厚 160cm,该处横隔墙设置宽 100cm 和高 80cm 的过人洞。箱梁每个梁段各腹板距梁顶 1.4m 处设置外径 10cm 的通风孔,在箱梁底板设置外径 10cm 的泄水孔,桥面泄水管预埋于翼缘板内。上部结构根部断面图如图 10-2 所示,跨中断面图如图 10-3 所示。

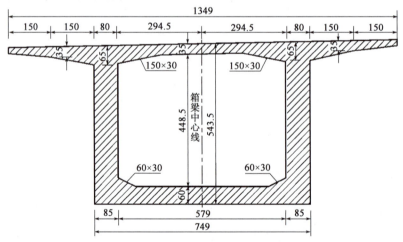

图 10-2　桥梁上部结构根部断面图(尺寸单位:cm)

主墩墩顶 5m 范围内梁高相等,梁高 5.3m,跨中及边墩顶现浇段梁高 2.5m,梁底曲线为二次抛物线,16 号桥台侧支座中心线至梁端 0.8m,13 号桥墩侧边支座中心线至梁端 0.7m。

箱梁采用全预应力,纵、横、竖三向预应力体系。其中,纵向预应力为低松弛钢绞线设计,抗拉强度标准值 $f_{pk}=1860$MPa,弹性模量 $E_p=1.95×10^5$MPa。箱梁梁体采用 C55 混凝土。

下部墩柱采用实体墩,桥墩盖梁高度 2.9m,墩身从墩顶 21m 宽度以圆弧半径 650m 渐变至墩底 13m 宽度,墩身厚度 3.5m。为实现转体,承台分上下两层,上承台高度为 2.5m,下承台高度为 3m,两层承台之间安装球铰系统,球铰分上球铰和下球铰并设置环形滑道和撑脚。桥梁下部结构断面图如图 10-4 所示。

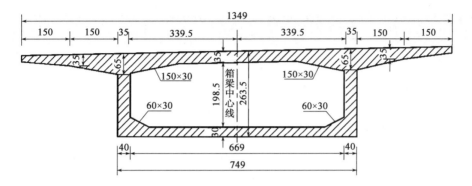

图 10-3 桥梁上部结构跨中断面图(尺寸单位:cm)

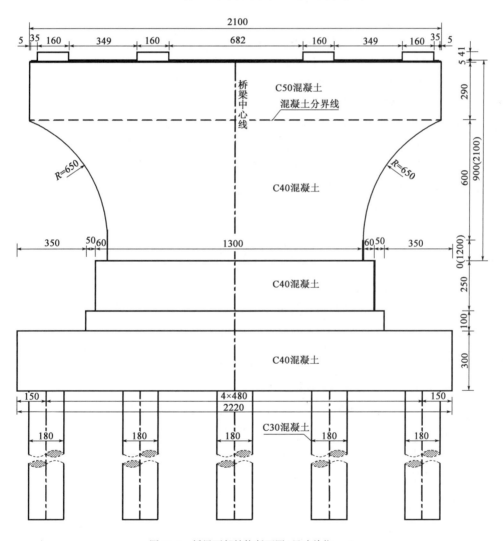

图 10-4 桥梁下部结构断面图(尺寸单位:cm)

第 10 章 西引桥一墩双 T 转体设计

10.2 转体设计

10.2.1 球铰牵引力计算

球铰对本项目转体设计及施工至关重要。对球铰的精细研究,能够保证桥梁上部结构的转体施工质量,提高施工的安全性。在计算球铰转动时,均认为上下球铰全面积接触,这与实际情况不符。上、下球铰接触面的接触面积与表面静摩擦因数是控制转体成功的主要因素,若对接触面上计算参数估算不准确,可能会出现牵引力不够、桥梁转不动的情况,也可能出现由于摩擦力不足,导致转动过程中转体结构倾覆的危险情况。

由于接触面积的改变,转体牵引力的计算方法已不再适用。采用平面积分法计算时须假定撑角与滑道、上下球铰均为全面积接触,忽略因滑片布置引起的接触空隙,但这类算法不适用间隙球铰。计算间隙球铰牵引力时,认为转体过程中撑脚悬空,接触区域为赫兹公式的接触圆区域,实际接触面可视为由无数部分微圆环积分而成,部分圆环可以简化为一小矩形微元。

由积分推导出球铰处摩擦力 $M1$,再求得转体牵引力。

15号墩组合球铰采用C120级材料,弹性模量为42MPa;接触面钢材采用Q235钢材,弹性模量为200GPa;上球铰半径4.8m,下球铰半径4.929m,上球铰平面直径3.0m,下球铰平面直径2.4m,千斤顶距离球铰中心4.35m。根据称重试验,求得转体不平衡力矩为2524.13kN·m,以及组合球铰摩阻力矩为6741.5kN·m。

利用修正公式所计算的静摩擦因数反算牵引力,求得牵引力为930.3kN。经实践印证,计算方法准确可靠。

10.2.2 球铰系统

考虑施工中风荷载及施工误差等因素,导致转体结构失去平衡需进行平衡配重,故设计应考虑足够的安全储备,14号桥墩球铰设计竖向承载力达到130000kN,15号桥墩球铰设计竖向承载力达到100000kN。球铰系统构造示意图如图10-5所示。

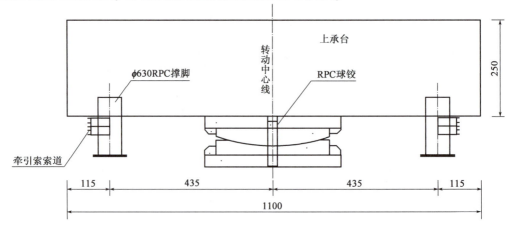

图10-5 球铰系统构造示意图(尺寸单位:cm)

10.2.3 撑脚及助推反力支座

为了增强转体过程中结构的稳定性,防止结构发生较大倾斜,同时保证安全转体,在下转盘上表面沿滑道两侧各设置了 8 个助推反力支座,助推反力支座沿圆周方向夹角为 24°,径向厚度为 10cm。此外,还在上转盘下表面沿圆周均匀设置了 8 个双 RPC 撑脚。撑脚内浇筑 C120 级活性粉末混凝土。为减小撑脚与环形滑道的摩擦,撑脚底面焊接 20mm 厚的不锈钢板。撑脚构造示意图如图 10-6 所示。

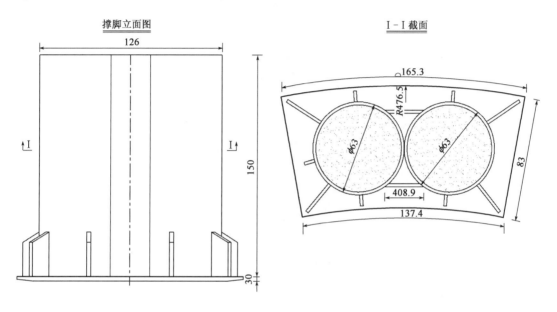

图 10-6　撑脚构造示意图(尺寸单位:cm)

10.2.4 滑道

为了减小撑脚与下转盘的接触摩擦,撑脚支承面置于同一水平面内,从而使转体发生轻微倾斜时仍能平稳运行,在下转盘顶面设置外径 4.9m、宽 1.1m 的环形滑道,滑道由表层 5mm 厚的四氟滑板及下层 3mm 厚的不锈钢板组成,滑道钢板镶嵌于磨光的环形滑道槽内,滑道槽在混凝土终凝前应反复打磨,磨光平整度及高程误差控制在 1.0mm 以内。

10.2.5 备用大吨位千斤顶及水箱

为调整转体失衡状况下的运行姿态,在桥墩对称轴线方向,沿转盘四周对称位置设置 4 台大吨位备用千斤顶,及时调整转体过程中转体的运行姿态。同时,在梁部设置两个带刻度、容积为 5m³ 的备用水箱,作为调整转体失衡的备用措施。

10.2.6 牵引系统

通过详细计算,考虑转体净重(未包括桥面二期恒载),实际牵引设备选型考虑 1.5 倍安全储备,牵引设备选用 ZLD800 型千斤顶。另外,设计要求当实际转体重量、竖向偏心、球铰及滑道摩擦系数与设计有出入时,根据实际情况结合计算进行调整。牵引索布置平面示意图如图 10-7 所示。

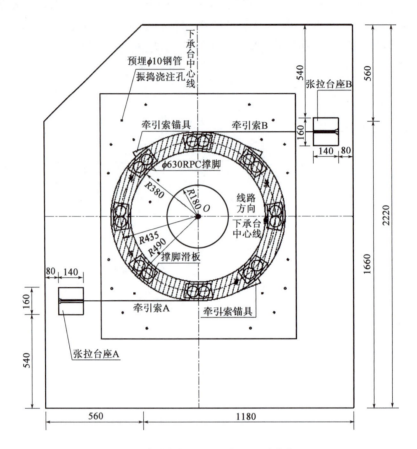

图 10-7 牵引索布置平面示意图(尺寸单位:cm)

10.3 实施技术要求

10.3.1 上部箱梁

由于箱梁 T 构为不对称结构,悬臂梁段施工时应进行纵向平衡配重;同时上部分幅梁部 T 构施工时不对称,转体前应进行横向不平衡配重,保证纵横向平衡对称施工。其中,两幅桥墩顶中支点两侧各 16m 梁段范围配重分别达到 96.1kN/m 和 88.9kN/m。

悬臂对称挂篮施工中,要高度重视立模后和箱梁混凝土浇筑后的施工观测和控制,结合施工线形控制要求,做到准确控制施工立模高程,确保箱梁受力和线形控制在规范要求的允许范围内。

10.3.2 转体系统

实施前,施工单位应仔细核查本桥与小里程侧涵洞出口、大里程侧信号塔与接触网之间的关系,确认无干扰后方可施工。14 号桥墩及上部结构旋转方向为顺时针方向旋转 51°;15 号桥墩及上部结构旋转方向为顺时针方向旋转 51°。结合现场实际情况,可稍作调整。同时注意施工时先旋转 15 号墩到位,再旋转 14 号墩。在转体施工过程中,必须做好安全防护工作,确保施工安全和既有线运营安全。转体系统旋转前后立面、平面示意分别如图 10-8 ~ 图 10-11 所示。

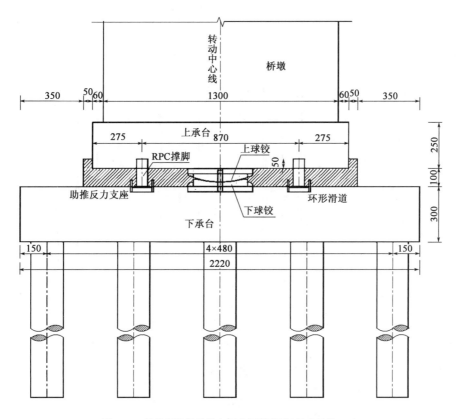

图 10-8 转体系统旋转前立面布置示意图(尺寸单位:cm)

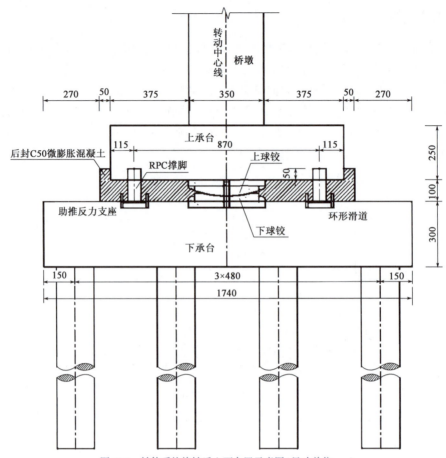

图 10-9　转体系统旋转后立面布置示意图（尺寸单位：cm）

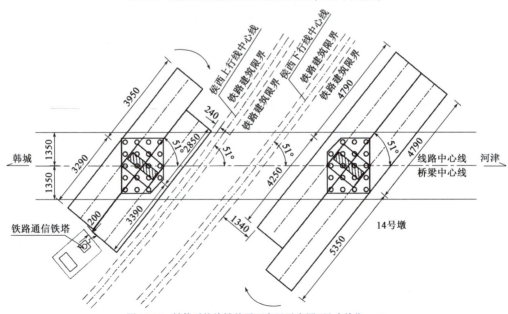

图 10-10　转体系统旋转前平面布置示意图（尺寸单位：cm）

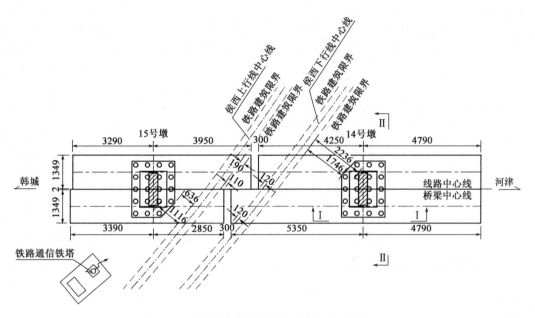

图 10-11 转体系统旋转后平面布置示意(尺寸单位:cm)

第11章
全寿命周期建管养一体化设计

　　本项目具有投资规模大、技术复杂、两省通道作用显著、建设环境复杂等特点，设计发挥引领作用，践行"全生命周期建管养一体化"的先进理念，对工程全过程负责。在投建运养一体化模式下，通过充分论证、综合对比施工技术的可行性、经济性，统筹考虑安全、质量、进度、运营养护等因素，形成了从前期规划、勘测、设计，到施工、监理、检测、监控，再到后期运营、养护等形成"一盘棋"的工作格局。同时，设计在细节上充分考虑施工的可行性、安全性和后期运营养护的便利性。

11.1 建管养一体化的必要性

　　"重技术轻管理、重实践轻总结、重建设轻养护"等问题在一定程度上仍然存在。桥梁建设的分割实施容易导致责任盲区和信息断裂，给桥梁的稳定运行埋下隐患，在现有"大交通量、超重载车、高速行驶"的严峻交通形势下，该问题变得更为突出。因此，结合桥梁建设管理的发展趋势，从全寿命理论出发，对禹门口黄河公路大桥率先采用建管养一体化管理模式，确保桥梁工程全寿命期目标的实现，从而获得可持续发展，无疑具有重要的实践价值。

　　建管养一体化模式是全生命周期管理集成管理在公路桥梁管理中的运用，在禹门口黄河公路大桥建设过程中,设计提出集成管理思想,投资单位牵头在立项、设计、施工、交工验收、运行维护到项目后评价的全寿命期各阶段,实现建设、管理和养护的无缝衔接,实现工程责任的连续和可追溯性,保证了建设、管理与养护团队的稳定性和连续性。

建管养一体化模式的工作形式,体现以下三方面:

(1)建管养一体化组织是实现建管养一体化模式的基础,将分阶段组织转换成一体化组织模式。

(2)建立集成信息平台保证信息在建管养各阶段的畅通和共享,是建管养一体化模式的有效沟通手段,禹门口黄河公路大桥建立了设计、监控、施工、监测集成信息平台。

(3)建管养一体化模式的实施效果能通过计划、组织、领导、控制四大职能管理显现出来,体现顶层设计的优势。

11.2 前期策划阶段

本项目位于秦晋峡谷出口处,自然、人文、社会经济控制影响因素较多,研究周期较长,工可阶段为论证最佳建设方案做了大量基础工作。从2006年开展工可研前期工作开始,先后完成项目影响区域社会经济、综合运输、公路网和城市规划调查;交通量预测;通行能力、服务水平分析;技术标准论证;路线、桥位方案比选;桥位河道水文分析及防洪评价;桥位地震勘察及地震稳定性评价;环境影响评价;结构设计深度的桥型论证;投资估算和经济评价。

在桥位比选和桥型选择阶段对复杂水环境、抗风、抗震、结构受力、耐久性等专题进行研究,前后进行了20余个方案的论证、5个方案结构设计深度的比选以及最终3个方案的详细研究。在决策阶段充分做到坚持科学规划为原则,分析项目实施的可行性,全面论证技术经济效果,选出最佳方案。

本项目前期研究结论科学合理,为项目决策提供了主要依据,且在后续初步设计、施工图设计过程中,方案无变更调整,工程规模控制得当,为工程全生命周期的质量安全、成本最优、节能环保、以人为本、可持续发展奠定了坚实的基础。

11.3 全生命周期设计阶段

从设计阶段开始全面质量管理和控制,树立全生命周期的理念,加大勘察、设计的深度和细度,邀请建设、科研、监理、施工、监控、监测等各参建方共同研究,进行研发式设计,反复优化调整设计方案,将设计做到精准到位,减少工程变更带来的浪费,降低质量控制的难度。

11.3.1 强化系统设计

禹门口黄河公路大桥及引道工程在设计中突出"以人为本",强调"安全、经济、耐久、畅通、环保、美观"。结合桥梁所处的地形、地质、水文、施工特点和使用要求等因素,遵循"技术可行,经济合理"的思想,体现"运用成熟先进技术,推动行业技术进步"的设计理念。

（1）本项目设计方案符合路网规划的要求，以保障功能和安全为前提，控制建设规模；严格执行"技术先进、安全可靠、耐久适用、经济合理、美观协调、环境保护"的设计原则。

（2）本项目是黄河上一座重大工程，设计方案充分吸取国内外已建桥梁的新理念、新材料、新工艺和先进经验成果；桥梁所采用的结构形式和材料，充分考虑了桥梁施工的可行性、结构的耐久性和维护的便利性。

（3）本项目充分考虑工程的可行性、可操作性和社会经济效益等因素，因地制宜，结合本工程范围内的地形、地物、河道、航道和工程地质条件，合理布置桥梁方案。

（4）本项目充分重视桥梁景观设计，力求造型简洁、美观，总体上与周围建筑、环境协调，以体现区域人文历史特色。

（5）路线及大桥布置充分考虑区域路网整体布局和功能，以"快捷、互通、流畅"为目标，在满足交通功能的前提下，秉持"低碳、节能、和谐"的设计理念，尽可能缩短路线的绕行距离，减少建设规模和征地拆迁量，尽量避开重要矿产资源、大型企业和居民集中区以及其他重要控制因素，符合建设资源节约型和环境友好型社会的要求。

（6）项目从四个方面解决混凝土桥梁结构的耐久性：一是尽可能采用预应力混凝土结构，重视桥梁的纵、横向设计；二是采用高耐久性混凝土，增强混凝土的密实度，提高混凝土自身抗破损能力；三是改进桥梁结构设计，适当加大混凝土保护层厚度；加强构造钢筋，防止控制裂缝发展；四是加强桥面排水和防水层设计，改善桥梁的环境作用条件。

11.3.2 注重统筹设计

设计过程中，充分考虑结构设计的标准化和通用化，对能够采用预制标准构件的位置优先选用装配式结构，并对本项目全线提倡精细化设计，做好风险防控措施，尽量小地影响周边自然环境和生态环境。

（1）本项目引桥包括东引桥和西引桥两部分，另外还包含一处跨铁路分离式立交。除西引桥受斜交影响跨径无法满足预制需求外，东引桥和跨铁路分离式立交桥均采用装配式预应力混凝土组合箱梁，构件标准化后一定程度上降低了施工难度和安全风险。

（2）针对本项目沿线地质的实际情况，结合沿线自然、地质条件，切实做好路基路面设计，确保路基路面具有足够的强度及稳定性。路基防护尽可能采用生物工程防护，并采取经济有效的排水措施和病害防治措施，保证路基安全、路容美观。

（3）根据全路段总体设计及路基断面实际状况，结合本项目的地形条件、构造物设置情况等因素综合考虑设置安全措施。为提高行车安全性，在不增加路基宽度的前提下，路侧高填及挡墙路段考虑设置波形梁护栏，防撞等级为A级。

（4）项目建设难免会对生态环境产生不利影响，给当地农业生产带来一定的损失。对此设计中采取了积极的应对措施，如路基边坡防护、临时占地复耕、取土坑整治利用、公路绿化及施工临时防护等，使不利影响得到有效的控制和缓解。另外，设计时考虑了与周围自然环境及环境景观相协调，公路两侧以植树、植草为主的生物绿化。桥梁跨越黄河时采取环保处理措施。

11.3.3 倡导设计创作

工程设计本身就是一个创造性过程，是集工程性、艺术性和经济性于一体的科学，体现着设计单位和设计人员的审美观念、艺术品位，直接影响工程项目建成后在功能、美观及价值上的优劣。本项目设计过程中进行了大量的专题论证和调研，为"人性化设计"奠定了良好的技术基础。

（1）禹门口黄河公路大桥位于省级黄河湿地自然保护区域内，大桥的建设具有很强的区位优势，自然环境优美，建成后将成为晋、陕两省乃至东、西部社会经济、文化交流的重要纽带，同时也将成为跨越黄河的一座标志性建筑。考虑到大桥的交通意义、经济价值和以后可形成宝贵的旅游资源等因素，确定了较高的景观设计目标。

设计过程中对景观进行专项设计，采用"元素造型法"，从地域文化中抽取具有当地代表性的造型元素，用于桥梁造型的塑造中，获取与当地文化相呼应的桥梁方案。

（2）调查发现国内桥梁设计领域仍然没有形成"低养护成本设计"的理念。我国危桥数量逐年递增，很多桥梁因为检测条件有限而没有及时检测，从而失去了维修处治的最好时机。

现在桥梁养护领域提出的观点是：及时检测出桥梁结构中的缺陷，提出并实施相应的维修或加固处治方案，从而延长结果的使用性能。但新建桥梁的设计，很少考虑检修通道的设计，导致实地检修困难，后期增设检修通道代价非常昂贵。因此，从设计初期即开展养护检查通道的设计，为大桥今后的运营养护降低成本。主梁设置检查车，为今后主梁养护维修提供便利。

（3）本桥为陕西省大型斜拉桥，跨径规模和技术难度居同类桥型国内领先地位。根据本桥结构特点，结合国内建设技术水平，在工程设计阶段提出如下科研、试验或检验工作计划并顺利实施：①采用防评计算+水文物理模型试验+数字模型等多举措分析复杂水环境；②优化风观测站设置，采取主梁风洞+桥塔+最大双悬臂气动弹性模型风洞试验，按各阶段不利影响，提出施工运营对应设计措施；③提出无辅助墩大跨径组合梁斜拉桥结构响应控制技术并优化设计；④进行钢—混凝土组合梁斜拉桥长期健康监测技术研究并建立相应的监测管理系统；⑤开展全桥交工后的初次检查及全桥静动载试验和动力特性试验研究。

11.4 工程实施阶段

11.4.1 引导提升施工技术水平

建设阶段，设计单位会同施工单位协力攻关，先后顺利完成如下事项：
(1) 饱和液化砂层及水流环境——筑岛围堰超大深基坑干开挖干封底施工；
(2) 工期优化——塔梁同步施工关键技术研究与优化；
(3) 精细化施工——钢主梁精细化建造关键控制指标研究与应用；
(4) 工期优化——两节段一循环散件悬拼施工技术及设计变更；
(5) 施工安全——临时支撑设置与解除方法及设计变更。

11.4.2 科研、规范引领技术进步

以团队模式全方位履行职责，与各参建方密切配合，深入发掘创新点及先进技术，共同开展《复杂环境下无辅助墩大跨径组合梁斜拉桥建设成套技术及应用》的研究工作，取得如下成果：

(1)基于动静力学特性分析的无辅助墩大跨径组合梁斜拉桥结构响应控制技术;

(2)黄河流域典型峡谷口复杂风场环境下大跨径组合梁斜拉桥抗风技术;

(3)复杂水环境筑岛围堰超大深基坑干开挖干封底施工技术;

(4)大跨径组合梁斜拉桥两节段一循环散件悬拼技术。

项目执行过程中,编制了《陕西省公路钢结构梁桥工程质量检验规范》,该规范不仅成为陕西省钢结构桥梁建设质量检验的标准性参考文件,同时也为大跨径组合梁斜拉桥的成功建设总结了一套丰富的可借鉴经验。

11.4.3 体系优化

设计与施工紧密结合,由项目公司牵头在项目实施过程中运用流程再造理论优化工程质量管理流程,制定更具操作性的全面质量管理流程,重视优化施工方案的编制与评审,坚持试件与首件制,并运用PDCA循环质量管理流程进行质量监督与考评。

强调施工中应着重注意的工序及方法,根据质量策划所确定的质量目标和质量方针,将标准化施工手册在施工前下发至各质量管理层次,统一施工控制参数、施工工序步骤、质量控制方法及现场操作方法和安全注意事项等内容。

通过细化测量与考核和基于工程系统分解结构(EBS)分解对象的质量控制来实现品质管理创新。同时,建立质量预警机制,及时了解质量动态,对于质量考评结果不达标或质量下滑的标段,及时采取纠正措施,确保达到精细化管理要求。

通过上述质量管理方式,禹门口黄河公路大桥工程品质显著提升。混凝土结构物保护层合格率达到90%以上;钢结构探伤一次合格率超过99.9%,最终合格率为100%;制作与安装精度优于设计与规范要求。

在建管养一体化模式下,禹门口黄河公路大桥项目能够从全生命周期管理出发,对设计、施工和运行维护进行总体优化,减少无效工作环节并开展并行工作,从而促进工程尽快进入运营阶段。

11.5 运营维养阶段

11.5.1 编制养护手册

为改变传统"建设项目成本控制仅针对各自承担阶段,割裂工程全生命周期质量、成本内在联系"的现状,在项目建设阶段,总承包单位即着手谋划、多方学习,组织行业专家编制了《禹门口黄河大桥运营养护手册》(以下简称《养护手册》),围绕百年大桥,使设计、施工、监控与后期运营养护深度融合,组织参建单位与外部专家咨询团队开展多种形式的技术、科研活动,以"全生命周期质量成本最优"为目标,论证研讨并形成的多项先进技术方案,实施推广服务项目的全要素、全周期,为大桥顺利建设和中长期安全运营保驾护航。《养护手册》不仅包含检查、评定、维修等常规养护内容,还创新提出了以下内容:

(1)"0号档案"编制及使用技术要求;

(2)运营期风险分析、评估及控制措施；
(3)运营及安全管理工作制度；
(4)主要受力构件劣化、危险状态及对应养护措施；
(5)索等可更换构件更换时机；
(6)养护费用细目与估算等。

11.5.2 建设信息化平台

高水平的建设，必然需要高质量的维护。提高养护管理水准，实现高度信息化，创新实现桥梁养护可持续发展是重中之重。本项目设计之初即提出采用基于全生命周期特大型桥梁建管养运一体化管理技术对大跨径组合梁斜拉桥实施全面系统管养。通过智能化、信息化平台建设，开展一体化标准体系及集成服务平台建设，统筹建设管理、运营管理、养护管理，提高数据共享交换能力和使用效率，建设运营信息化平台，通过可视化图层、监控监测系统，实现高效运营，更好地为后期运营和养护提供数据支撑。

第12章
无辅助墩大跨径组合梁斜拉桥设计

鉴于禹门口黄河公路大桥未设置辅助墩,除对主梁、主塔、拉索在设计上采取综合措施外,设计适时增设临时墩技术使施工安全、顺利进行。大桥现已完成合龙并通过荷载试验检验,整体技术状况良好。

12.1　结构受力分析

12.1.1　无辅助墩形成背景

通常大跨径斜拉桥为提高结构整体刚度、有利于结构受力均设置辅助墩。禹门口黄河公路大桥上游建有主跨168m钢桁架桥,水利部门对下游泄洪有明确要求,大桥桥跨"应遵循主河槽1042m范围内桥墩间距不小于168m"。本桥采用大跨径斜拉桥方案,主跨跨径565m,配置边孔跨径245m,边跨跨中范围内无法设置辅助墩。在本桥建设之前,国内已建成无辅助墩的最大跨径(主跨500m)斜拉桥为荆州长江公路大桥。因此,进行有、无辅助墩对大跨径斜拉桥受力特性的影响研究很有必要。

12.1.2 结构计算

采用两种有限元软件进行全桥模拟对比分析。拉索采用桁架单元,索塔采用梁单元,主梁通过施工阶段联合截面功能分阶段模拟钢—混凝土叠合过程。模型共计913个节点、724个单元,分323个施工步骤。计算模型如图12-1所示。

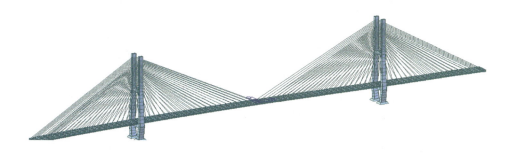

图12-1 禹门口黄河公路大桥主桥结构有限元计算模型

12.1.3 主梁、索塔内力和索力的计算分析

有、无辅助墩两种工况下主桥主梁结构的弯矩、剪力,索塔弯矩、纵向位移以及斜拉索索力计算结果如图12-2所示。

有、无辅助墩成桥阶段,主梁、索塔、斜拉索内力和位移分析如下。

1)主梁内力对比

由图12-2a)、图12-2b)可以看出,设置辅助墩可使主梁边跨尾端正弯矩由188.4MN·m减至111.6MN·m,降低40%;中跨正弯矩由12.4MN·m减至11.4MN·m,降低8%;主梁边跨尾端负弯矩由-113.0MN·m减至-72.8MN·m,降低36%;中跨负弯矩由-58.4MN·m减至-20.5MN·m,降低65%,但在辅助墩位置出现-213MN·m较大负弯矩峰值,同时使边跨端支点剪力由11.3MN减至9.5MN,降低17%;主梁主塔处剪力由6.27MN减至5.98MN,降低5%,但辅助墩位置主梁剪力由4.41MN增至12.4MN。

可以看出,设置边跨辅助墩后,主梁内力均呈减小趋势,仅在辅助墩顶主梁产生较大负弯矩和剪力,需要做特殊处理,总体来说结构受力相对有利。

2)索塔内力对比

由图12-2c)可以看出,设置辅助墩可使中跨侧索塔塔底活载弯矩由1325.9MN·m减至1274.4MN·m,降低4%,边跨侧索塔塔底活载弯矩由-688.2MN·m减至-150.3MN·m,降低80%,相当于索塔刚度大幅提升。

3)活载作用下主梁、索塔变位对比

设置辅助墩在活载作用下,主梁边跨最大竖向挠度由78.5cm减至18.9cm,主梁中跨最大竖向挠度由100.0cm减至75.0cm;边跨挠度减少较大,相当于边跨主梁刚度大幅提升。

由图12-2d)可以看出,塔顶最大纵向变位,河心侧由25.6cm减至15.6cm,降至60%;河岸侧由15.6cm减至6.1cm,降至40%,相当于提高了索塔刚度。

4)拉索索力对比

由图12-2e)可以看出,设置辅助墩使边跨LB23索最大索力由9877kN减至9146kN;边跨LB22索最大索力由10050kN减至9387kN;拉索最外2对长索最大索力降低约8%,可相对减少拉索用量。

综上所述,无辅助墩斜拉桥的主梁总体刚度(特别是边跨刚度)和索塔刚度相对较小,受力情况相对不利,需采取技术措施提升两者力学指标,以满足规范要求。

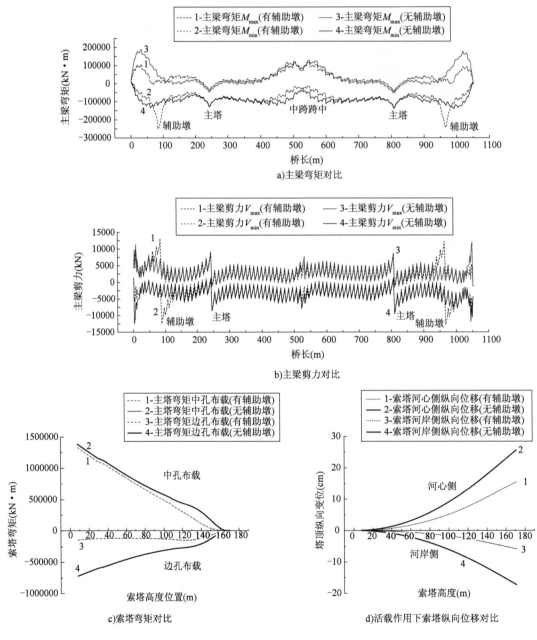

a)主梁弯矩对比

b)主梁剪力对比

c)索塔弯矩对比

d)活载作用下索塔纵向位移对比

图 12-2

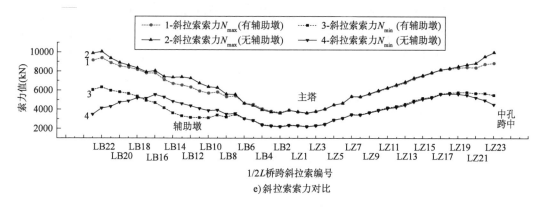

图 12-2 有、无辅助墩两种工况下主桥主梁、索塔、斜拉索内力和位移计算结果

12.2 未设置辅助墩设计技术加强措施

未设置辅助墩时,主梁内力、挠度、索塔内力、塔顶位移、斜拉索索力均呈增加趋势,总体来说结构受力情况相对不利,需采取如下加强措施。

12.2.1 主梁构造加强措施

(1)主梁采用双"工"字形钢主梁加预制混凝土桥面板的整体断面,替代原来钢桥面板,主梁刚度 EI 由原来的 $2.877\mathrm{MN\cdot m^2}$ 提高至 $3.172\mathrm{MN\cdot m^2}$,刚度提高 10%。

(2)通常同类宽度的桥梁,主梁设置 1 道或 2 道小纵梁;本桥除在桥梁中心线处设置 1 道小纵梁,另距桥梁中心线两侧 7.2m 位置各设置 1 道小纵梁,全桥共设置 3 道小纵梁。小纵梁高 500mm,上、下翼缘板宽 500mm,厚 20mm,腹板厚 12mm。1 个梁段 12m,设置 3 道横梁,横梁纵向间距 4m,布设相对较密;横梁数量越多,自身刚度越大,对主梁刚度增强作用越明显。

(3)预制桥面板采用 C60 混凝土,施工安装前要求存梁不少于 180d,桥面板对称,横桥向布置 4 块,纵向间距 400cm。采取 C60 微膨胀混凝土现浇桥面湿接缝,减少桥面板浇筑施工过程中收缩徐变引起的主梁附加内力。混凝土桥面板厚度取值为 28~50cm,加厚段长度 34m,比同类型桥梁加厚段长,不仅有利于配重,还提高了边跨主梁刚度。主梁在边跨和中跨跨中位置桥面板内分别配置预应力。

(4)边跨 0~20.11m 范围内配重,压重段加长,压重采用铁砂混凝土现浇和预制块两种方法,分布在边跨 B17~B20 梁段区域,抵消部分负弯矩,增强主梁刚度。

(5)本桥斜拉索间距采用 12m,相对较小。

(6)工字形主梁及其连接板件、锚拉板、锚管均采用高强度桥梁用结构钢,型号为 Q420qD,钢主梁在边跨四分点和跨中等部位板厚相应增加,分别加厚至 4cm、5cm,个别位置板厚增加至 6cm。

12.2.2 索塔构造加强措施

主塔采用 H 形,塔身采用箱形截面。为增大索塔截面刚度及截面尺寸,将原近似方形等厚断面调整为矩形断面,塔顶至塔根壁厚逐渐增大,原索塔截面横向尺寸 6.4~10.0m、顺向尺寸 6.8~10.0m,横、顺向壁厚 1.0m;增大后的主塔截面横向尺寸 5.5~6.5m、顺向尺寸 9.0~11.2m,横向壁厚 0.9~1.3m、顺向壁厚 1.1~1.6m,使索塔底部截面面积由原 36.2m² 增至 48.42m²,截面顺桥向刚度由 484.4m⁴ 增至 835.2m⁴,纵向抗弯刚度为原截面的 1.73 倍。

12.2.3 拉索增强措施

边、中跨 22 号、23 号拉索规格由 OVM250-85 调整为 OVM250-91,增大索力,除与设置辅助墩的斜拉桥相比,无辅助墩的情况拉索相应提高型号,即增加拉索根数,以提高拉索刚度。经测算,拉索总量增加约 50%。按此设计能够满足运营阶段拉索安全要求。

12.2.4 设置临时墩技术措施

由于泄洪要求,大桥无法设置永久性临时墩,但桥址位于高地震烈度、强风环境下,风环境复杂,瞬时风力可达 10 级,2018 年 4 月 12 日桥址处实测瞬时最大风速 30.9m/s,接近施工阶段抗风设计风速 36.9m/s 的 84%,且施工过程最大双悬臂状态全长 411m,最大单悬臂 279.15m,在最大悬臂状态下抗风稳定性不足,经与水利部黄河水利委员会协商,避开洪峰高峰时段,可短时间内通过设置临时墩保证施工安全稳定性。具体方法详见本篇"第 8.3 节施工期间增设临时墩设计及研究"。

12.3 设计创新

禹门口黄河公路大桥设计过程中采取资料调研、理论分析、数值模拟、模型试验等方法,在借鉴、吸收国内外先进研究成果的基础上,实现了无辅助墩斜拉桥在桥梁设计关键技术的突破,主要技术创新如下:

(1)首次采用最大跨径(245+565+245)m 无辅助墩斜拉桥。斜拉桥边跨设置一个或多个辅助墩可改善结构受力性能,但受地质、地形、通航、生态保护等限制,无辅助墩斜拉桥建设需求日益显著。依托工程位于黄河湿地保护区,综合考虑安全、耐久、适用、环保的需求,经多方案比选,采用跨径组合(245+565+245)m 的双塔双索面无辅助墩钢—混组合梁斜拉桥,为目前国内乃至全世界最大跨度无辅助墩斜拉桥。

(2)大跨度无辅助墩斜拉桥参数敏感性研究。通过多尺度有限元分析,并结合粒子群算法可得影响斜拉桥的相关参数主次顺序,判断主梁重量、拉索刚度是该桥结构的主要控制参数;主塔刚度、主梁刚度是次要控制参数。以主要控制参数为重点分析对象,提出"塔-索-梁"刚度控制方法,保证斜拉桥在施工阶段与使用阶段的安全性能。

(3)大跨度无辅助墩斜拉桥位移、应力可靠度研究。对有限元模型运用支持向量机和粒子群算法等研究斜拉桥跨中挠度和斜拉索索力的可靠指标,并研究了各个随机变量均值和标准差对可靠指标的影响程度,发现汽车荷载、主塔弹性模量与可靠指标大致呈线性关系,拉索弹性模量、钢主梁面积、桥面板混凝土面积与可靠指标大致呈非线性关系,对可靠指标影响较大的随机变量依次为:拉索弹性模量、汽车荷载、主塔弹性模量、钢主梁面积等,在无辅助墩斜拉桥运营过程中,应重点关注主要可靠指标对于结构的影响。

(4)关键构件精细化分析与可靠度研究。对锚拉板、钢锚梁等斜拉桥关键构件按照不同疲劳设计理论进行精细化分析和设计,并依据断裂力学相关理论,在裂纹线弹性状态下(即不考虑裂纹尖端的塑性区),考虑结构初始裂纹缺陷的基础上采用 Paris 疲劳裂纹扩展准则对假定的初始裂纹基础上进行了疲劳寿命的评估。在线弹性断裂力学的基础上,进行了基于 MATLAB 模拟的蒙特卡罗随机抽样过程的可靠度分析,提出关键构件的优化设计方法。

(5)无辅助墩斜拉桥地震响应研究。通过对桩-土相互作用的理论研究与试验研究,分析了桩-土相互作用的机理,根据桥址的地址土层条件和试验数据并结合韩城地震台 70 年来的观测数据,确定了土层计算的基本参数,同时利用 Csibridge 建立了全桥模型,并进行了结构动力响应分析。基于不同的场地条件研究了斜拉桥在考虑相干效应时的响应、相干效应和行波效应时的响应、相干效应和场地效应时的响应及三种空间效应时的响应,得到了半漂浮体系组合梁斜拉桥在复杂场地条件下的地震响应规律以及三种空间效应对斜拉桥非一致激励响应的贡献。

(6)无辅助墩大跨径组合梁斜拉桥结构响应控制技术与设计方法。

大跨径斜拉桥边跨设置辅助墩,使主梁弯矩、索塔根部弯矩、尾端拉索索力显著减小,主梁挠度和索塔变形也随之减小,与有辅助墩斜拉桥相比,禹门口黄河公路大桥主梁、索塔、拉索内力较大,边跨整体刚度较小。

为提高结构整体刚度,优化结构受力,提高结构体系与关键构件的安全性、韧性和耐久性。基于以上研究成果,提出了无辅助墩大跨径组合梁斜拉桥结构响应控制技术与设计方法。包括:加大索塔纵、横向尺寸或壁厚以提高塔身的整体刚度,提升强度、抗裂性及塔顶最大偏位;采用加厚边跨桥面板厚度、增设桥面系小纵梁数量、加长边跨配重段及优化配重的方法以增强主梁特别是边跨的刚度;在高地震烈度、强风环境,需重视最大单、双悬臂状态下的结构稳定性,通过增设临时墩来达到抗风作用,并对临时墩的影响进行论证。以上综合措施的成功应用,可供同类型桥梁建设中借鉴。

第13章
展望

"十年磨一剑",作为黄河流域大跨径组合梁斜拉桥的代表——禹门口黄河公路大桥以高品质设计、高精度施工、高水平管理作为中交桥梁名片,向陕西、山西人民兑现了最初的承诺。四年前期方案论证,两年勘察设计,四年建设施工,这十年是一段艰苦卓绝但激动人心的建设历程。尽管工程技术难度如此之大,但在统一筹划下,各参建单位不仅最终圆满完成了建设任务,而且取得了一系列成功经验及成果可供推广借鉴。

13.1 桥型适应能力不断提升

大跨径组合梁斜拉桥越来越成为大跨径桥梁领域竞争能力较强的桥型,其跨径规模在不断刷新着纪录。但在特殊条件下,如地貌、地质以及河道等受限情况下,针对不设辅助墩时斜拉桥结构在复杂环境条件下的受力问题及处理方法的研究还相对较少。在所有未设置辅助墩的大跨径斜拉桥中,工程技术可能会面临以下难题:不能通过设置辅助墩改善桥梁结构成桥的受力状态;不能通过设置辅助墩提高结构的刚度、减少主梁的竖向变形;不能通过设置辅助墩改善主塔以及斜拉索的受力;不能通过设置辅助墩解决施工期恶劣风环境下的结构安全稳定性。

禹门口黄河公路大桥在建设过程中创立了一套复杂风场环境下大跨径组合梁斜拉桥的抗风技术,即通过建立风观测站提取现场实测数据,利用数值分析,结合风洞试验,有效指导抗风设计;总结了一套复杂水环境下结构优化设计技术,设计阶段依据物理模型+数字模型试验,结合洪评计算指导防洪及防凌设计;建立了无辅助墩大跨径组合梁斜拉桥结构响应控制技术,应用抗风和抗震等理论研究并总结结构动静力学特性,应用成果优化调整设计。

禹门口黄河公路大桥的建成,圆满地完成了黄河流域、西北地区最大跨径组合梁斜拉桥的建设工作,解决了国内外该桥型在无辅助墩、复杂环境条件下,桥梁结构受力合理、变形协调、安全耐久等一系列技术问题,可以预见,跨径更大、结构更为复杂的组合梁斜拉桥会不断涌现,越来越多的山区地形大跨径组合梁斜拉桥的设计理论、方法及研究成果得以提炼、总结,对今后公路桥梁,特别是组合梁斜拉桥设计规范和山区桥梁设计条文的制定和完善具有重要的参考价值,对推动和提高行业技术水平、保证结构的安全性有重要意义。

13.2 数字工程建设逐步完善

我国正处于一个桥梁设计、建造技术的创新、验证、积累、再沉淀的历史时期。但相对大桥的设计、建设30多年的技术沉淀而言,国内大型桥梁信息化、数字化监管技术只能归为新兴的桥梁技术研究延伸探索领域,刚处于一种萌芽发展状态,经验严重不足。

禹门口黄河公路大桥建设项目基于全生命周期开展了特大型桥梁建管养运一体化管理技术研究工作,为后期同类型桥梁开展优质的管养工作提供了技术支持和保障。建设期间设计牵头首次提出施工监控与运营监测一体化,同时结合大桥结构特点和运营环境编制指导性运营养护手册,为大桥全生命周期质量成本使用做好策划。禹门口黄河公路大桥设计之初即明确提出"主动预防式"的结构健康监测理念,通过物联网、云计算等新一代信息技术应用实现全面"感知"、泛在互联、普适计算与融合应用。

通过禹门口黄河公路大桥监测技术的前期研究和设计建设,基于桥梁综合安全监管、巡检养护数字化、智能化的管理平台实现了对桥梁的信息化、数字化监管以及电子化巡检养护管理,意味着基于"物联网"技术的"智慧交通"在公路桥梁运营管理领域获得技术突破,并将起到大跨径组合梁斜拉桥在数字工程建设方面的工程示范作用。

参 考 文 献

[1] 刘士林,王似舜.斜拉桥设计[M].北京:人民交通出版社,2006.
[2] 聂建国.钢—混凝土组合结构桥梁[M].北京:人民交通出版社,2011.
[3] 刘玉擎.组合桥梁结构[M].北京:人民交通出版社,2005.
[4] 林元培.斜拉桥[M].北京:人民交通出版社,1993.
[5] 项海帆,等.桥梁概念设计[M].北京:人民交通出版社,2011.
[6] 范立础.桥梁工程[M].北京:人民交通出版社,2000.
[7] 成虎.工程全寿命期管理[M].北京:中国建筑工业出版社,2011.
[8] 阮欣,陈艾荣,石雪飞.大型桥梁的风险评估方法及其应用[M].北京:人民交通出版社,2006.
[9] 严国敏.现代斜拉桥[M].成都:西南交通大学出版社,1996.
[10] 王伯惠.斜拉桥结构发展和中国经验总结[M].北京:人民交通出版社,2003.
[11] 楼庄鸿,等.我国主跨400m及以上的桥梁[C]//中国公路学会.中国公路学会桥梁和结构工程分会2007年全国桥梁学术会议论文集.北京:人民交通出版社,2007.
[12] 彭晓彬,詹建辉.大跨度组合梁斜拉桥结构设计方案研究[J].桥梁建设,2016(4).
[13] 田文民.川藏公路迫龙沟特大桥设计[J].桥梁建设,2017,47(6):95-100.
[14] 周奇.峡谷底斜拉桥抗风性能改善试验研究[J].公路工程,2014(4):49-53.
[15] 龚辉朋.大跨径混合梁斜拉桥临时支墩的设置研究[D].重庆:重庆交通大学,2016.
[16] 王艳峰,潘军.港珠澳大桥钢—混凝土组合梁制造及安装关键技术[J].交通科技,2015(2):34-36.
[17] 彭光辉,钱立军.大风条件下跨海桥梁建造施工作业条件研究[J].施工技术,2019,48(5):25-28,37.
[18] 潘俊明,杜素军,张帅.防腐涂装在桥梁混凝土结构上的应用[J].中国涂料,2015,30(11):62-65.
[19] 卜一之,孙才志.大跨度结合梁斜拉桥制造线形控制与分析[J].重庆交通大学学报(自然科学版),2011,30(5):916-920.
[20] 李源,王谦,宋一凡.非对称斜拉桥辅助墩过程受力分析及优化[J].公路,2019,64(1):94-99.
[21] 彭鹏,邓廷权,郝章喜,等.斜拉桥辅助墩的合理数量及最优位置研究[J].西部交通科技,2015(5):37-40.
[22] 李金都,周志芳,宋汉周,等.黄河下游河道建桥的主要工程地质问题[J].铁道建筑,2006(3):3-5.
[23] 高宗余,梅新咏,徐伟,等.沪通长江大桥总体设计[J].桥梁建设,2015,45(6):1-6.
[24] 张强.铜陵公铁两用长江大桥主桥设计[J].桥梁建设,2014,44(3):7-12.
[25] 欧中林,马新勇.禹门口黄河公路斜拉桥未设置辅助墩设计技术研究[J].公路,2020,65(11):231-235.

[26] 王技,钟海辉.基于ANSYS的钢锚梁索塔锚固区多角度有限元分析[J].公路交通科技:应用技术版,2018(5):211-213.

[27] 王福敏,罗强,李军.厦漳跨海大桥南、北汊桥总体设计与研究[J].桥梁建设,2013,43(4):20-25.

[28] 陈虎成,张家元,刘明虎,等.石首长江公路大桥主桥总体设计[J].桥梁建设,2017(5).